APFNet

"一带一路"绿色合作与发展系列

U0673772

大中亚区域林业发展报告丛书

乌兹别克斯坦共和国林业发展报告

亚太森林恢复与可持续管理组织（APFNet）编

中国林业出版社

图书在版编目（CIP）数据

乌兹别克斯坦共和国林业发展报告 / 亚太森林恢复
与可持续管理组织（APFNet）编 .—北京 : 中国林业出
版社 , 2017.5
（"一带一路"绿色合作与发展系列·大中亚区域林
业发展报告丛书）
ISBN 978-7-5038-9025-3

Ⅰ . ①乌… Ⅱ . ①亚… Ⅲ . ①林业经济—经济发展—
研究报告—乌兹别克 Ⅳ . ① F336.262

中国版本图书馆 CIP 数据核字 (2017) 第 095599 号

责任编辑：刘开运　张健　谷玉春
出版：中国林业出版社（100009 北京西城区德胜门内大街刘海胡同 7 号）
E-mail：Lucky70021@sina.com 电话：010-83143520
发行：中国林业出版社总发行
印刷：北京卡乐富彩色印刷有限公司
印次：2017 年 5 月第 1 版第 1 次
开本：787mm×1092mm 1/16
印张：5.75
字数：115 千字
定价：58.00 元

大中亚区域林业发展报告丛书
编委会

主任：

曲桂林	亚太森林恢复与可持续管理组织秘书长
鲁　德	亚太森林恢复与可持续管理组织副秘书长

编委：（按姓氏笔画排序）

孔　哲	亚太森林恢复与可持续管理组织项目处负责人
龙　超	亚太森林恢复与可持续管理组织项目官员
肖　军	亚太森林恢复与可持续管理组织综合处负责人
彭　鹏	亚太森林恢复与可持续管理组织基金处负责人

主要撰稿人：（按英文字母排序）

Karibayeva Kuralay	哈萨克斯坦共和国生态和可持续发展研究所主任
Nachin Baatarbileg	蒙古国国立大学工程与应用科学学院主任
Nury Atamyradov	土库曼斯坦国家沙漠、植物和动物研究所高级研究员
Said Inogamov	乌兹别克斯共和国原塔什干国立大学教授，曾担任联合国发展规划署国家专家、FAO 项目协调员等职
Saidzoda Madibron	塔吉克斯坦共和国林业局特别保护区国家机构负责人
Venera Surappaeva	吉尔吉斯共和国环境保护和林业局 森林与狩猎调查司森林监测与森林地籍处处长

"一带一路"经济走廊及其途径城市分布地势图

洋

伊尔库茨克 ○

布拉戈维申斯克
（海兰泡）

乌兰巴托 ○

哈巴罗夫斯克
（伯力）

符拉迪沃斯托克
（海参崴）

北京 ○

西安 ○

釜山 ○

新亚欧大陆桥

上海 ○

福州 ○

太　平　洋

昆明 ○
○河内 ○南宁
曼德勒 ○
万象 ○

曼谷 ○

中南半岛经济走廊

吉隆坡 ○
关丹 ○
新加坡 ○

雅加达 ○

达尔文 ○

悉尼 ○

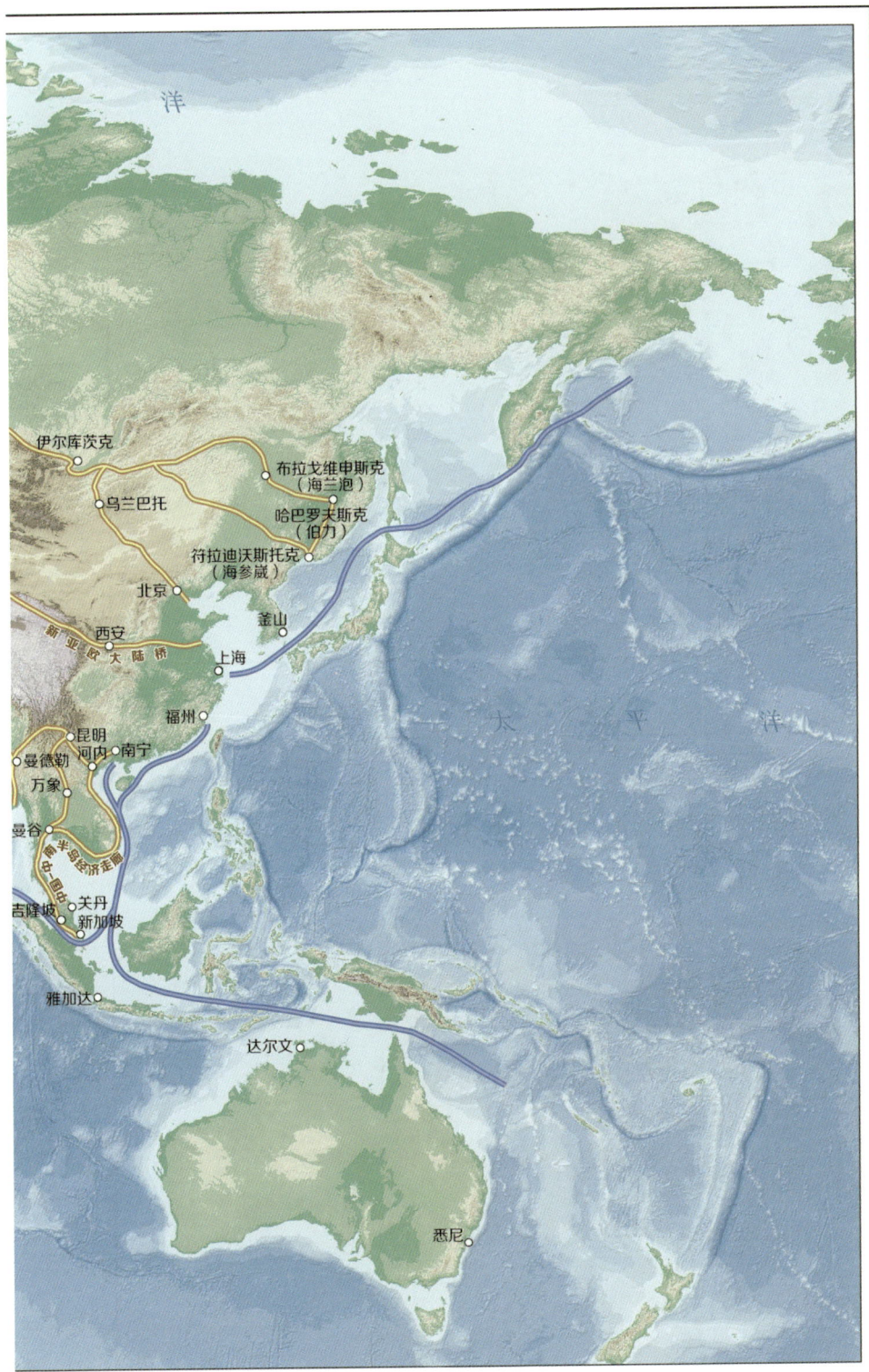

| 200 | −1000 | −2000 | −3000 | −4000 | −5000 | −6000 | −7000 | <−7000 |

国家测绘地理信息局 监制

"一带一路"经济走廊及其途径城市分布示意图

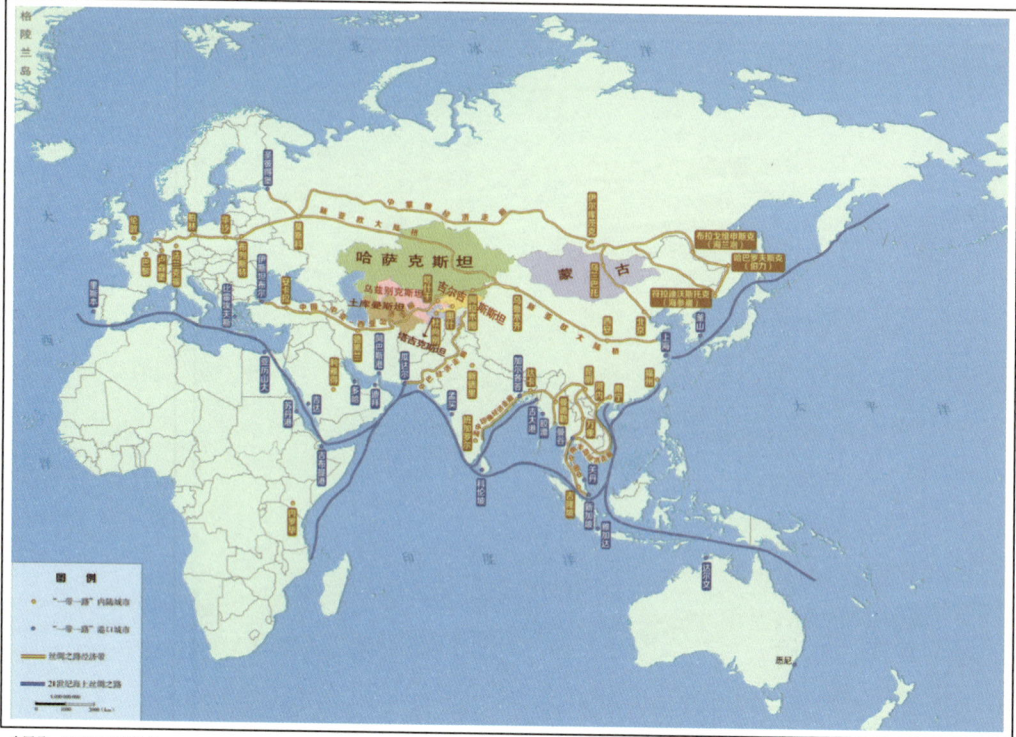

审图号：GS（2016）1762 号

国家测绘地理信息局 监制

亚洲地图

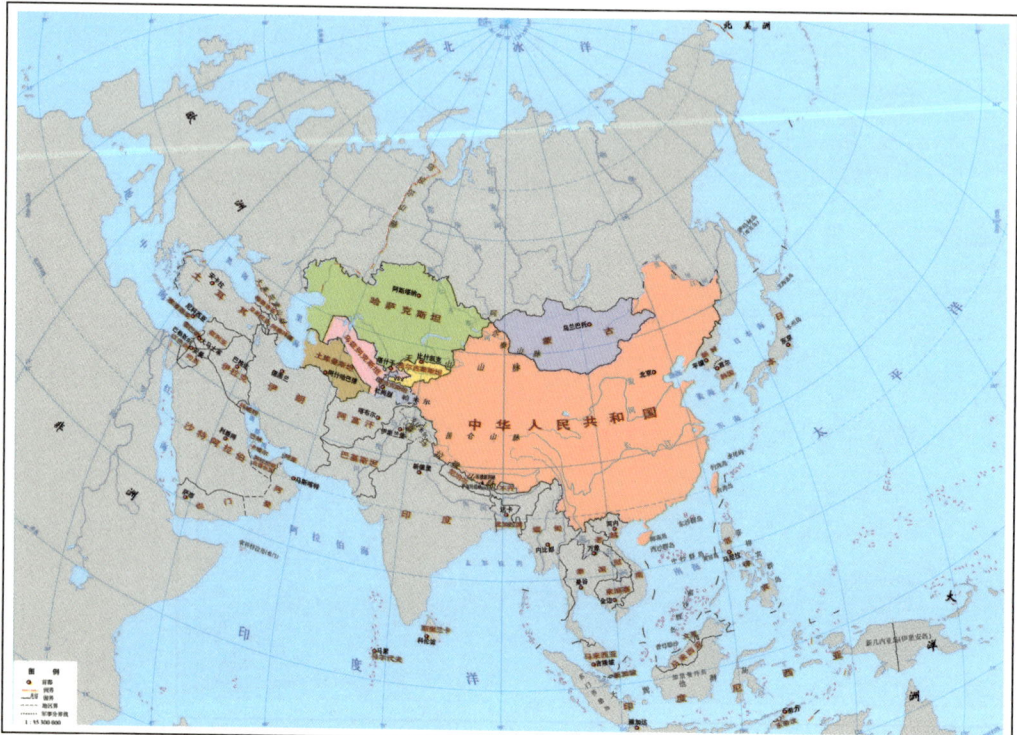

审图号：GS（2016）1762 号

国家测绘地理信息局 监制

前 言

　　大中亚地区广义上主要包括哈萨克斯坦共和国、乌兹别克斯坦共和国、塔吉克斯坦共和国、土库曼斯坦、吉尔吉斯共和国及蒙古国等经济体。大中亚各经济体多位于干旱及半干旱地区，土地类型多为草原和牧场，农地和林地所占比例小。

　　随着全球经济一体化步伐加快及大中亚地区经济复苏，区域内各经济体均处于经济转型和管理方式转变的关键时期，各经济体政府开始更加关注林业的生态价值和服务功能，积极开展森林可持续管理，提高林业对整体国民经济的贡献。尽管区域内各经济体体制环境不同，但林业发展都面临着许多共同问题，因此林业合作互补性较强，合作前景仍十分广阔。

　　亚太森林恢复与可持续管理组织（APFNet），作为一家总部设在中国的国际组织，一直秉承"推动亚太区域森林可持续发展"的宗旨，以推动大中亚地区林业发展和合作为出发点，与大中亚各经济体林业主管部门官员和专家合作编写了"一带一路"绿色合作与发展系列之大中亚区域林业发展报告丛书，该丛书共分6种，依次为哈萨克斯坦共和国林业发展报告、乌兹别克斯坦共和国林业发展报告、塔吉克斯坦共和国林业发展报告、土库曼斯坦林业发展报告、吉尔吉斯共和国林业发展报告和蒙古国林业发展报告。书中通过对各经济体林业现状、林业对经济发展的贡献、林业政策法律和发展战略、林业教育与科研、林业国际合作及森林管理最佳实践进行资料数据收集和分析，提炼出该区域林业发展基本情况，填补了国际大中亚林业发展系统研究的空白，为今后开展大中亚地区林业合作提供了重要的理论依据。

　　吉尔吉斯共和国国家环境与林业局、塔吉克斯坦共和国林业局、乌兹别克斯坦共和国林业局、土库曼斯坦国家环境保护与土地资源委员会、哈萨克斯坦共和国农业部、蒙古国环境和旅游部对出版本丛书给与了大力支持，在此一并表示感谢！衷心期待大中亚地区林业合作不断结出累累硕果。

　　鉴于编写本书时间较短，特别是对各经济体森林经营管理最佳实践未能进行更深层次的调研，书中难免有错误和纰漏之处，敬请读者予以指正。

曲桂林

亚太森林恢复与可持续管理组织秘书长

目 录

前言
缩写与缩略语

1.　林业发展现状　　　　　　　　　　01

1.1　经济体概况　　　　　　　　　　　03

1.2　土地使用的基本信息　　　　　　　04

1.3　重新造林与造林　　　　　　　　　10

1.4　城市林业　　　　　　　　　　　　13

1.5　社区林业　　　　　　　　　　　　14

1.6　林产品的生产、消费与贸易　　　　18

2.　林业对经济发展的贡献　　　　　23

2.1　森林与林地的经济与环境重要性　　25

2.2　森林与林业融资与投资　　　　　　28

2.3　森林、生计与贫困　　　　　　　　29

3.　林业政策与法律　　　　　　　　31

3.1　林业概述　　　　　　　　　　　　33

3.2　短期与长期林业发展规划　　　　　42

3.3　林业发展的过去与未来　　　　　　44

4.　森林可持续管理的最佳实践　　　47

4.1　土壤与水源保护　　　　　　　　　49

4.2　荒漠化的控制　　　　　　　　　　　　　　50

4.3　牧场规划控制　　　　　　　　　　　　　　51

4.4　盐碱化控制　　　　　　　　　　　　　　　52

4.5　预防森林火灾与病害　　　　　　　　　　　53

4.6　生物多样性的保护　　　　　　　　　　　　54

4.7　退化森林的恢复　　　　　　　　　　　　　56

4.8　森林资源与非森林产品的综合利用　　　　　57

5.　林业教育与科研（2010 年~2015 年）　　59

5.1　林业教育统计　　　　　　　　　　　　　　61

5.2　林业部门的技术能力　　　　　　　　　　　62

5.3　林业局能力建设活动　　　　　　　　　　　62

5.4　国际合作、伙伴关系与网络　　　　　　　　63

5.5　主体（培训部）　　　　　　　　　　　　　64

5.6　对林业相关方案的综述与评价　　　　　　　65

5.7　能力培训的战略计划（新趋势、新举措）　　65

6.　林业国际合作项目　　73

7.　林业国际合作进程　　73

参考文献　　76

图目录

图 1-1 乌兹别克斯坦地图 03

图 1-2 各地形分布情况 04

图 3-1 农业与水资源部主林业部组织结构 36

图 4-1 牧场退化的根本原因 52

表目录

表 1-1 截至 2013 年 1 月 1 日的乌兹别克斯坦土地分类 06

表 1-2 截至 2012 年 1 月 1 日乌兹别克斯坦关于农业用地、国家林业基金用地以及保留地的详细信息 07

表 1-3 乌兹别克斯坦主林业部开展的主要活动及指标 19

表 1-4 2013 年木材产量数据 20

表 1-5 2010 年植被森林产品生产情况 21

表 1-6 2010 年非木质森林产品的商业价值 21

表 6-1 乌兹别克斯坦林业相关项目和倡议的主要信息 70

缩写与缩略语

ADB	亚洲开发银行
CACILM	多国项目 "中亚国家土地管理倡议议"
CBD	生物多样性公约
CIS	独立国家联合体
COFO	联合国粮农组织林业委员会
FAO	联合国粮农组织
GDP	国内生产总值
GEF	全球环境基金
Goscomzemgeodezcadastre	乌兹别克斯坦共和国土地资源、大地测量、地图绘制与国家地籍委员会
GNI	国民总收入
IBRD	国际复兴开发银行
ICARDA	国际干旱地区农业研究中心
IFAS	国际挽救咸海基金
IFF	政府间森林论坛
IMF	国际货币基金组织
IPF	政府间森林问题工作组
IUCN	国际自然及自然资源保护联盟
MAWR	乌兹别克斯坦共和国农业与水资源部
MDF	乌兹别克斯坦共和国农业与水资源部主林业部
MDGs	千年发展目标
MFD	主林业部
NFI	全国森林资源清查
NGO	非政府组织
PA	保护区
OIC	伊斯兰合作组织

OSCE	欧洲安全与合作组织
SDGs	可持续发展目标
SCNP	乌兹别克斯坦共和国自然保护国家委员会
SCO	上海合作组织
SFM	森林可持续经营
UAS	乌兹别克斯坦科学院
UN	联合国
UNCCD	联合国防治荒漠化公约
UNDP	联合国开发计划署
UNECE	联合国欧洲经济委员会
UNFCC	联合国气候变化框架公约
UNFF	联合国森林论坛

1. 林业发展现状

1.1 经济体概况

1.2 土地使用的基本信息

1.3 重新造林与造林

1.4 城市林业

1.5 社区林业

1.6 林产品的生产、消费与贸易

1.1 经济体概况

乌兹别克斯坦共和国（以下简称"乌兹别克斯坦"）位于中亚地区，东经 56° ~73°
和北纬 37° ~45° 之间，南部毗邻土库曼斯坦（1621 千米）和阿富汗（137 千米），东部
与吉尔吉斯斯坦（1099 千米）和塔吉克斯坦（1161 千米）相邻，北部则邻接哈萨克斯
坦（2203 千米）。乌兹别克斯坦是世界上两个双重内陆经济体之一（另一个为列支敦士
登），因此乌兹别克斯坦必须跨越另外两个经济体的领土才能到达世界大洋。乌兹别克
斯坦的大部分地区处于中亚流量最大的两条河流中间：位于乌兹别克斯坦领土北部的
锡尔河，以及位于南部的阿姆河（图 1–1）。

来源：乌兹别克斯坦林业局

图 1–1　乌兹别克斯坦地图

乌兹别克斯坦以丰富的自然资源、强健的生产能力、矿物与原料储藏、独特的农
业产品、大量的自然资源加工半成品，以及发达的基础设施而闻名。

乌兹别克斯坦是采用总统制政府的法制民主共和国。它是联合国成员国，也是联

合国专门机构的成员。乌兹别克斯坦参与了独立国家联合体、上海合作组织、伊斯兰合作组织、欧洲安全与合作组织、国际复兴开发银行、国际货币基金组织,以及许多其他国际组织。乌兹别克斯坦共和国的最高国家机构是最高议会,代表了经济体立法权。最高国家机构包括两个议院:立法院(下议院)和参议院(上议院)。内阁代表了行政权,并确保了对经济体经济有效运行的指导,是经济体社会与精神的代表,能够执行法律法规、最高议会的其他决定以及乌兹别克斯坦共和国总统的法令和决议。

1.2 土地使用的基本信息

乌兹别克斯坦地区约有 85% 的土地为沙漠和半沙漠,仅中亚地区每年就会出现 8000 到 10000 平方千米的沙漠(图 1-2)。荒漠化是指生产性土地逐渐变为荒漠的过程,是目前因自然及人为原因而造成的较严重的环境问题之一。而最严重的生态问题还包括,不断增长的土地与水质盐碱化,风力与水力侵蚀,过度放牧与乱砍滥伐,生物多样性缺失,可耕土地与牧场生产潜力下降等,这些问题均对经济和自然资源造成了威胁。

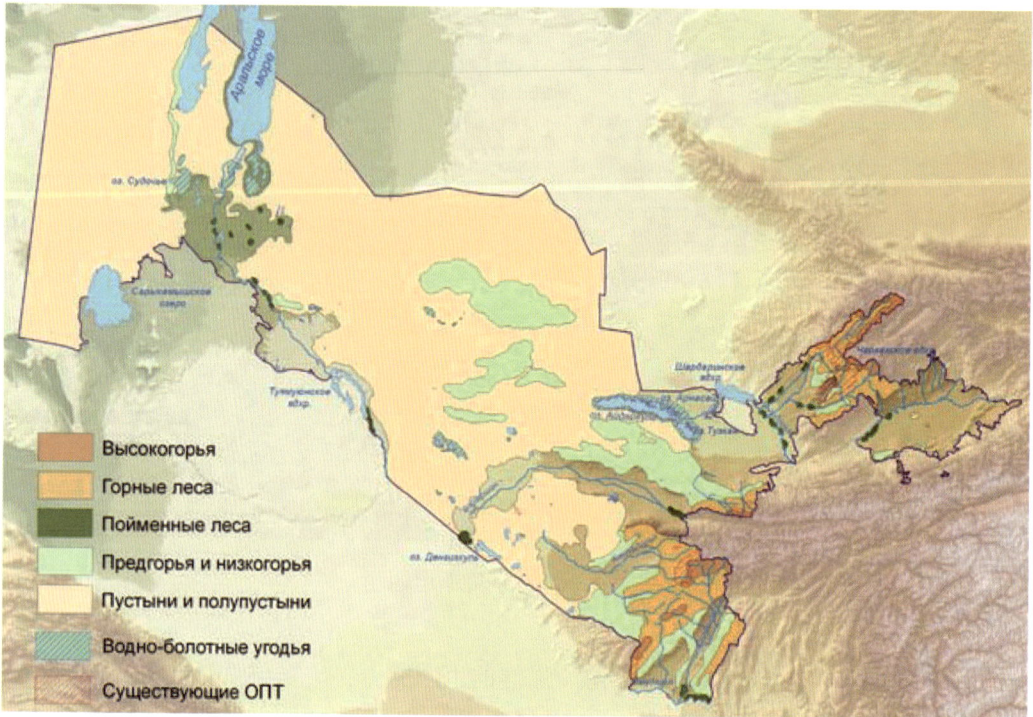

注:图中文字(由上至下依次为:高地、山地林、冲击平原林、沙漠林、半沙漠林、湿地、现存保护区)。
来源:乌兹别克斯坦共和国第五次生物多样性保护国家报告(2015)

图 1-2 各地形分布情况

与此同时，这些问题还涉及和土地退化相关的经济成本问题，并在以下三个方面产生了影响：（1）当地的土地生产性降低；（2）本国农业用地生产能力缺失，且农业在 GDP 和出口收入中份额减少；（3）对全球范围内碳隔离和气候变化造成负面影响，导致生物多样性减少，并造成跨国界的水资源污染。[①]

同样，过度放牧、为获得柴火而砍伐树木、排水造成的沙漠凹陷，以及过度灌溉均导致了植被退化。更糟糕的是，一旦发生荒漠化，就要付出巨大代价进行修复，或者根本无法修复。但是，人们总是对解决这类问题抱有一丝希望。可持续土地利用能够帮助解决一系列会导致荒漠化的问题，包括过度放牧、植被过度开采、土壤践踏，以及不可持续的灌溉实践。所有可以避免土地受侵蚀、发生盐碱化，以及其他形式的土壤退化均可有效预防荒漠化。管理策略包括可以促进传统集水技术应用、蓄水的人类活动以及各种各样的水土保持措施。综合的水土管理是避免荒漠化的关键方法。最佳方法如下：（1）农业创新；（2）在退化和边缘土地上种植植被的现代技术；（3）高效的用水方法；（4）保持农业科技的应用；（5）综合害虫防治。[②]

在乌兹别克斯坦，土地资源具有政治、社会和经济重要性。在这里，土地，土地中的矿产资源、动植物以及其他自然资源都是经济体财富，因此必须高效地利用这些资源，并采取保护措施（乌兹别克斯坦共和国宪法第 55 条）。此外，宪法第 53 条规定乌兹别克斯坦将为所有形式的财产，包括私人财产提供合法保护。根据这些宪法条款，执行了许多已规定土地利用法律框架的法律法规。

在乌兹别克斯坦，由土地资源、大地测量、地图绘制与国家地籍委员会（Goscomzemgeodezcadastre）和农业与水资源部林业主部门（MAWR）负责处理土地利用问题。特别委托 Goscomzemgeodezcadastre 负责下列关键问题：

- 执行同意的土地高效利用经济体政策，指定土地所有制关系的法律法规，土地测绘与监督，保护耕地，改善并再生土地肥力。
- 指定并实施旨在改善土地肥力，高效利用与保护土地的政府计划。
- 执行政府监管，确保土地高效利用与保护。

MAWR 主要负责下列问题：

- 参与制定农村、水资源和林业部门的投资政策。
- 确保严格遵守土地与水资源利用经济体法律法规。

---

① http://www.uz.undp.org/content/dam/uzbekistan/docs/projectdocuments/EEU/un_prodoc__Rus.pdf
② http://www.azernews.az/analysis/52125.html

● 执行针对林业利用、保护、保持和发展的经济体政策。

在地区范围内，由省政府和地区政府领导负责处理与土地、水资源和其他自然资源的利用，并对环境保护法合规性进行监督与管控。

土地资源、大地测量、地图绘制与国家地籍委员会和经济体自然保护经济体委员会（SCNP）均承担土地利用与保护的政府监管工作，但两个部门的职能各有不同。SCNP 监管工业及其他行业废料、化学品及放射物质和废水对土地污染的程度，并监督具有自然保护、娱乐及养生价值的土地利用与保护情况。Goscomzemgeodezcadastre 则负责监督和检查不在 SCNP 管辖范围内的土地利用及保护问题。[①]

规定乌兹别克斯坦土地政策与所有制的主要法律法规框架是《土地法》（1998 年修订）。该土地法规定了下列土地使用的关键原则：

● 建立旨在改善土壤质量与肥力的基金，使土地成为具有较高价值的自然资源。

● 确保土地利用的高效性和针对性。

● 为展开活动提供政府及其他支持，活动旨在增强农业用地的肥力，改善土地开垦以及防护状态。

● 特别防护土地免受损害并保护环境不受污染，确保能够满足环境安全要求。

● 促进地块产权和地块使用的多样性，确保土地所有制关系内所有利益相关者/使用者的权利平等，保护利益相关者/使用者的合法权益。

● 可征税的土地利用。

● 确保土地相关信息完整无误，并随时可以获取。

根据土地法，乌兹别克斯坦所有可利用的土地被分为八大类，每一类均具有适用于该使用类别的特殊用途（表 1-1）。

表 1-1　截至 2013 年 1 月 1 日的乌兹别克斯坦土地分类

编号	土地资源分类	总面积		包括灌溉用地	
		总面积/千公顷	占比（%）	总面积/千公顷	占比（%）
1	农业用地	20481.1	46.12	4211.4	9.48
2	安置用地	214.1	0.48	49.9	0.11

---

① 乌兹别克斯坦住房与土地利用国家概况，UNECE，2015

编号	土地资源分类	总面积		包括灌溉用地	
		总面积 /千公顷	占比 （%）	总面积 /千公顷	占比 （%）
3	工业、交通、通信、国防及其他用地	914.5	2.06	12.0	0.03
4	自然保护、养生和娱乐用地	75.9	0.17	0.9	0.002
5	历史与文化用地	6.2	0.01	0.0	0.0
6	林业基金用地	9636.9	21.70	31.4	0.07
7	水利基金用地	831.4	1.87	4.6	0.01
8	土地储备	12250.2	27.59	2.0	0.004
	合计	44410.3	100	4312.2	9.71

来源：乌兹别克斯坦住房与土地利用国家概况，UNECE，2015

根据表 1-1，占全国土地资源总面积比例较多的前三大土地类别分别是农业用地（46.2%），经济体林业基金用地（21.7%）和土地储备（27.59%）。这三类用地占地面积为 4200 万公顷（占乌兹别克斯坦国土面积的 95%）。

乌兹别克斯坦是发达农业与工业经济体的代表，而农业的发展依赖于水资源的有效性。作物种植和大部分畜牧饲养（除在沙漠里放牧的黑羔羊）主要集中在可灌溉土地上。由于地处干旱地带，只有 752900 公顷（18%）的可耕土地为非灌溉土地。

表 1-2 列出了关于农业用地、经济体林业基金用地以及保留地的详细信息（截至2012 年 1 月 1 日）。

表 1-2　截至 2012 年 1 月 1 日乌兹别克斯坦关于农业用地、经济体林业基金用地以及保留地的详细信息

类别	土地类型	面积 /公顷	类别所占 百分比 （%）	农业用地、经济体林业基金用地以及土地储备总面积所占百分比（%）
农业用地	可耕土地（82% 为可灌溉土地，18% 为非灌溉土地）	4045600	19.7	9.5
	多年生植物（水果、葡萄园、桑树等）	343000	1.6	0.8

（续表）

类别	土地类型	面积/公顷	类别所占百分比（%）	农业用地、经济体林业基金用地以及土地储备总面积所占百分比（%）
农业用地	家用地块	616200	3	1.5
	草田	104900	0.5	0.2
	牧场	11018800	53.8	26.0
	森林植被（森林带、杨树林）	210200	1.03	0.5
	灌木丛	31100	0.15	0.1
	开垦与改良用地	70700	0.35	0.2
	休耕地	78400	0.38	0.2
	未开发用地	3954600	19.3	9.3
	总面积（占经济体土地总面积的46.1%）	20473500	100	48.3
经济体林业基金用地	林植	2945500	30.57	7.0
	牧场	3109100	32.27	7.3
	未开发用地	3471900	36.03	8.2
	其他	109400	1.14	0.3
	总面积（占经济体土地总面积的21.7%）	9635900	100	22.7
保留地	牧场	6319600		13.1
	林植	43600		0.1
	未开发用地	5896200		15.8
	总面积（占经济体土地总面积的27.6%）	12262700	100	28.9
农业用地、经济体林业基金用地和保留地总面积（占经济体土地总面积的95%）		42372100		100

来源：乌兹别克斯坦土地资源、大地测量、地图绘制与国家地籍委员会

公共用地利用所需费用通过征收地税和地租的方式，由使用者承担。在乌兹别克斯坦，主要有三大类土地使用者，包括农产品生产者：

- 农业合作（Shirkat）是指以集体为单位的农业生产合作社（目前，在农作物产业中，大部分合伙企业已经转变成农场。而在畜牧业，尤其是黑羔羊饲养中，仍有大量合伙企业）。

- 养殖户（Farming）是指具有法人权利的经济实体（主要形式是采用多种合作形式权利的私人企业）。有些农场只从事农作物生产，在这类农场用于种植棉花和／或小麦的地块面积至少应为 10 公顷，而用于园艺、葡萄栽培、蔬菜种植等的地块面积至少为 1 公顷。1998 年，乌兹别克斯坦境内约有 23000 个农场，而 2013 年这一数据增长至 66134。

- 家庭农场（Dekhan farm）是指小型家庭农场，这些农场既可以是法人实体，也可以是非法人实体。这些农场在分配的地块上按家庭成员的个体投入，从事小型的农业生产活动和农业生产销售。家庭农场不得长期雇佣其他外来劳动力，但可以签订临时固定期限合同雇佣季节临时工进行特定工作。分配给家庭农场的地块面积有限（最多 0.35 公顷的可灌溉土地，0.5 公顷的非灌溉土地，但在沙漠地区可分配最多 1 公顷的非灌溉畜牧用地）。这些地块可以合法雇佣终身任职员工，除了需要遵守土地质量保护要求，卫生环境标准，适用于产品质量的现有规定与标准外，没有其他严格的义务规定。使用给定地块的农场主应支付土地税。家庭农场用地不得私有化，不得进行买卖、担保、馈赠、授予、交易。值得注意的是家庭农场仅占农业用地面积的 12%，但农产品生产量却占据了生产总量的 65%，畜牧生产量则达到了生产总量的 92%。家庭农场的关键立法规范活动是《家庭农场法》（1998 年）。根据《乌兹别克斯坦共和国民事法典》（1995 年修订版）（下文简称《民事法典》），家庭农场拥有可雇佣终身任职员工的土地。

《民事法典》（1995 年修订版）规定了土地所有制的类型，这一规定正视了土地资源可能同时属于一种或多种所有制的问题。《民事法典》规定，家庭农场可以是私人所有制也可以是公共所有制，土地所有制的财产权利"按法律规定确定，并应办理相应手续"。《民事法典》中给出的其他土地利用类型包括：（1）进行经济活动的权利；（2）终身雇佣；（3）常任制与地块利用权利；（4）地役权。

由于沙漠和山地生态系统对气候变化高度敏感，且自然和人为活动会引起荒漠化，因此乌兹别克斯坦和世界上的其他一些经济体一样成为土地退化问题最为严重的经济体。乌兹别克斯坦 80% 的土地均为沙漠或半沙漠，且仅有 420 万公顷（农业用地为 2.05 亿公顷）为可灌溉土地。在这样的经济体内，如果不说明水资源的重要性，则关于土地利用问题的讨论就是不完整的。在这种情况下，水资源的有效性对土地政策和用地方式有较大影响。因此，根据"关于改善国家不动产权利注册"的内阁决议，自 2015 年起已根据地籍册完成了地块盘存，地籍册中包括关于土地使用者、土地构成，农业用地质量和规范成本的整体信息。与此同时，乌兹别克斯坦还特别关注地块的灌溉与非灌溉状态。

乌兹别克斯坦颁布的主要土地法律包括：

● 乌兹别克斯坦共和国土地监测规定。乌兹别克斯坦内阁决议附件 23.12.2000 第 496 号；

●《乌兹别克斯坦共和国宪法》；

●《乌兹别克斯坦"租赁"法》（1997 年）；

●《乌兹别克斯坦土地法令》（1998 年）；

●《乌兹别克斯坦"农业合作（shirkat）"法》（1998 年）；

●《乌兹别克斯坦"农场"法》（1998 年）；

●《乌兹别克斯坦"家庭农场"法》（1998 年）；

●《乌兹别克斯坦共和国"国家土地测量"法》（1998 年）。

其他与土地、土地所有制和土地使用相关的法律法规有：

●《乌兹别克斯坦共和国行政与领土体系相关问题的决策过程》。

●《国家地籍》。

●《国家土地清册》。

许多乌兹别克斯坦内阁决议也规定了土地利用问题，其中包括：

●《乌兹别克斯坦国家土地清册》，31.12.1998 第 543 号。

●《乌兹别克斯坦共和国土地监测法律法规的执行》23.12.2000 第 496 号。

●《2004 年至 2006 年农场开发概念的执行措施》，30.10.2006 第 476 号。

●《其他完善法人实体与进行创业活动个体之间温和竞争下地块供应的措施》，25.05.2011 第 147 号。

●《改善不动产权国家注册程序》，07.01.2014 第 1 号。

1.3 重新造林与造林

根据乌兹别克斯坦地形、土壤和气候条件，森林（森林覆盖用地）可以分为山地、山谷、河谷林和沙漠森林。乌兹别克斯坦位于干旱带，因此森林资源匮乏。在乌兹别克斯坦，林地百分比（包括森林覆盖面积）占经济体总领域的比例约为 7%。乌兹别克斯坦境内的森林具有重要的保护职能，但由于占地面积较小，生产能力有限。

乌兹别克斯坦的森林由基础的天然成分构成，是生物多样性中不可分割的部分。这些森林具有重要的环境与社会职能，并在经济体经济发展与环境改善中发挥着重要作用。由于负面人为影响的缺失，森林代表了最能适应当地土壤与气候条件以及自然气候影响的可持续生态系统。但是，森林砍伐、森林退化和全球变暖一样，会造成土地退化，并进一步导致荒漠化。

由于 19 世纪 50 到 60 年代，乌兹别克斯坦集中实施了极端低效且高度主观的农业政策，因此导致森林用地急剧减少。因此，由于过度调节径流并过度建设水利工程设施，河岸边森林用地也突然（十几年时间内）减少。过度放牧，因生火与建设需求而砍伐树木与灌木，排水至洼地，以及过度灌溉都导致了山地与沙漠地区的森林退化。由于两大河流，也就是阿姆河和锡尔河大量流入咸海，导致乌兹别克斯坦乃至整个中亚地区的森林与环境都因咸海日渐干涸而受到了灾难性的影响。

因森林砍伐以及森林退化、气候变化，以及生物多样性减少等造成的影响会导致社会与经济环境的恶化。因此，应在乌兹别克斯坦采取缓解这类负面影响的措施，包括恢复森林砍伐趋势，预防森林退化，促进造林和植树造林。值得注意的是，目前乌兹别克斯坦公民社会开始关注与森林相关的环境问题，且特别注意生物多样性保护和森林基因库，并增加森林可持续性。在经济体范围内采取措施，这些措施注重重新造林和植树造林，因此能够增加林地和森林保护职能，改善森林防护。

考虑到森林在加强林业生产力，建立促进林业进一步发展的基金，改善林场原料和科技依据，以及森林保护、防护、种植与复原，内阁部长发布了特殊决议，2016.10.06 第 198 号。

在乌兹别克斯坦，由 MAWR 管辖的主要林业厅（MFD）负责制定林业政策，并执行森林相关活动。另外，MFD 还负责保护并改善现有森林，并通过森林修复增加森林覆盖土地，建立森林与牧场保护带和植树造林。

防护造林具有较大的重要性，能够有效利用低产和退化土地，并将这些土地用于农业活动，改善室外风景及动植物，增加畜牧生产率。另外，人工种植林防护植被可以生产木材、水果和坚果，同时还能美化环境。为了进行防护造林，可以采用能够显著增加经济和环境价值，并能减少特殊森林物种生产周期的密集型技术。

在沙漠、山地和河岸区域设立森林基金，从而改善现有森林形状并增加森林覆盖面积。在沙漠中，主要种植梭梭草、猪毛菜和沙拐枣等植被。在山地上主要种植三种松柏、胡桃、杏树、开心果树等植被。山谷地区则种植白杨木、枫木、榆木、皂荚，以及生长速度较快的果树和外来植被。另外在河岸地区则种植白杨木、柳树、沙枣等。

过去几年里，在 MFD 在咸海地区举办的一系列活动使得森林植被覆盖面积增加至 74 万公顷以上，其中有至少 60 万公顷的植被种植在咸海裸露的河床上。因此，超过 23 万公顷的沙漠已转变为各类植被覆盖地。每年 MFD 都会在 1.8 万公顷的咸海裸露河床上进行植树造林，但 MFD 在乌兹别克斯坦境内进行植树造林的面积已达到了 4.2 万公顷。相应的，森林，即灌木林占据了乌兹别克斯坦领土的百分之一。2000 年到 2013 年间，森林覆盖总面积增长了两倍：从 2000 年 137 万公顷（占乌兹别克斯坦领土总面积的 3%）增加到了 2013 年 333 万公顷（占乌兹别克斯坦领土总面积的 7%）。在森林种植的总播种面积中，超过 80% 的面积在沙漠地区（包括咸海地区和咸海裸露河床），用于对抗荒漠化。在沙漠地区形成保护林带，可以阻止沙漠蔓延，并稳定环境状况。因此 1 公顷梭梭草植被每年可以阻挡 30 吨沙子，并为动植物提供有利的环境条件。在 83 个林业苗圃进行的人为重新造林和植树造林、绿化和改造活动已覆盖超过 700 公顷的土地。

为了满足乌兹别克斯坦人民对木材的需求，内阁部长发行了特殊决议，1994.08.02 第 62 号。为了执行该决议，MFD 各部门决定种植生长速度较快的植被（如白杨木），这些植被生长二十年后的生产量可达到每公顷 500 立方米试点。

除了 MFD，许多负责森林用地的政府部门也会进行退化森林和造林复原。显然，种植密集型花园项目也有助于乌兹别克斯坦境内的造林活动。因此，2010 年到 2014 年间，种植了约 5 万公顷的新花园其中包括超过 14000 公顷的密集型花园。需要说明的是，采用密集型园艺种植法，果树一般在第二年到第三年之间结果。[1]

林业部门的这些活动通过下列方式为经济体经济绿化提供输入：

● 在林业经济方面，森林与当地群众均可从这些活动中获益，林业经济可以为当地市场提供农林产品，并增加出口机会。

● 在林业社会方面，这些活动可以提供新的工作机会，减少当地人 / 社区的迁移，

---

[1] http://www.agro.uz/ru/information/about_agriculture/421/5092/

提供林地出租，并为后代增加更多可用的森林。

● 在林业自然环境保护方面，采取可持续的森林管理方式，保护并扩大森林用地，加强对荒漠化的防治。

1.4　城市林业

通过在当代城市新建公园，并对城市进行绿化，居住用地才能变得更具吸引力，更环保，更舒适。绿化活动包括针改善环境和改造城市土地的相关方案。

考虑到乌兹别克斯坦属于炎热干旱气候，选择环保、卫生、健康的植被进行城市绿化就显得非常重要。城市里公用的城市绿化区域体系包括公园、花园、广场和林荫大道，以及街道上和行政大楼和公共建筑周围的植被。

城市里的绿化活动由相关（市政）部门的下属部门负责改善与改造。除了其他相关工作外，这些部门还会通过种植或采购样品以及花苗、树木和花卉进行城市绿化，并维护管理这些植被。绿化的关键任务在于种植不同品种的树木（大型），为不同种类的灌木、树木和观赏植物设立栅栏，以及种植草坪。在进行这些活动时，环境改善与改造部门应充分考虑当地的地理、气候以及地形特征。

自独立以来，乌兹别克斯坦根据本国习俗以及国际城市规划最佳实例，开展了许多经济活动，改善当代城市形象中的建筑风格。而城市绿化在城市建筑与艺术价值形象的形成中起到了重要作用。

根据内阁部长决议 2005.02.03 第 76 号，需要生产有价值的观赏性植物，改善环境与卫生，加大绿化规模，因此在 MFD 下设立了共和国观赏园艺与林业科学与生产中心。

目前，乌兹别克斯坦境内种植有 200 多种树木，这些树木包括本地植物（如白杨、橡树、榆木、栗树、悬铃木、杜松、白蜡树、枫树、槐树等）以及外来植物（如挪威枫、郁金香、常青木兰、银杏、松树、柠檬树、黄杨、柏树等）。值得一提的是，乌兹别克斯坦境内大型的城市绿化活动可以追溯到五十年前，当时种植了许多当地植物。其中主要种植的树种是悬铃木、白蜡树、白杨和垂柳。但慢慢地，落叶树开始逐渐取代绿化第一阶段种植的松柏类植物。而且，人们发现落叶树更有助于改善大城市环境。而落叶树中最具代表性且最受欢迎的是阔叶酸橙树、垂柳、橡栗、二乔玉兰、白蜡树、栗树、皂皮树、枫树、国槐和梓柳；灌木中最具代表性且最受欢迎的则是沙龙玫瑰、日本海棠、火棘和连翘；松柏科植物中最具代表性且最受欢迎的是金钟柏、克里米亚松树和南欧黑松、圆柏、水杉、柏树等。这些树木让城市地形变得可持续化，并改善了城市栖居的微气候与卫生状态。塔什干——乌兹别克斯坦共和国首都尤其注重城市绿化。2012 年，塔什干的绿化种植面积为 15200 公顷，仅占城市总面积的 35%。其中有 66 公顷是位于首都的植物公园。在塔什干，有 18 个占地 158.4 公顷的公园，但每个城市居住区仅有 69 平方米种植有树木、灌木和花卉。另外，尽管目前有大量的树木和灌木种类可用于城市绿化，但在绿化中仍然仅采用个别几种。例如，在塔什干可选择的观赏性树木品种很多，但悬铃木占据绿化区域的 15%~50%，白杨占比达到 10%~12%。[①]

2014 年，在 MFD 所有的苗圃中生产了 1.42 亿株树苗和 7400 万的插条，以满足城市绿化活动的需求，其中包括克里米亚松树、日本海棠、栗树、圆柏、蓝云杉、红杉、常青黄杨等共 60 个品种的装饰性树种。[②]

目前，城镇与安置区域整体规划发展过程中，地形规划仍在继续，因此仍需种植树木与灌木满足城市绿化区域的发展。

下列法律法规规定了城市绿化发展活动：

● 内阁部长决议《乌兹别克斯坦植物损害缴税规定与审批》，1995.07.27 第 293 号；

● 内阁部长决议《基于当代建筑与城市规划要求与标准的居住区域改善与改造工作安排规定》，2009.03.09，第 59 号。

在近期由 UNECE 于乌兹别克斯坦政府共同编写发行的《乌兹别克斯坦住房与土地利用国家概况》中提到，乌兹别克斯坦首都，塔什干是一个非常绿色的城市，绿化带的占地总面积达到 35500 公顷。乌兹别克斯坦拥有较长的绿化活动历史传统，且这些活动均按本国夏季极度炎热和干燥的大陆季风性气候特征制订计划。该概况总结道，"城市应将树木种植视为环境服务，树木在炎热的夏季可以为居民提供树荫，在寒冷的冬季为建筑提供保护。外围的绿化带则能够帮助城市适应气候变化。绿色城市基础设施规划还应与地方发展规划相结合，避免高温与洪水等灾难风险。"

1.5　社区林业

[①] http://uzssgzt.uz/cgi-bin/main.cgi?lan=r&raz=6&god=2012&mes=2&id=2518
[②] http://news.uzreport.uz/news_3_r_117725.html

社区林业能够确保自然资源可持续管理，目前在世界上多个经济体中，社区林业已成为了一种具有经济效益和社会有效性的自然资源管理方法。社区林业所采用的原则与方法主要用于在当地居民或周围林地及政府部门之间建立起公平的合作关系，从而改造、保存、保护并管理森林资源。

显然，当地群众对林业产品缺乏相应的使用权和兴趣是造成严重森林生态体系退化的根本原因。事实上这种使用权与兴趣会让当地群众意识到森林是一种"开放获取"的资源。如果在利用森林时，能够采用透明的管理工具和经过调整的方法，并让当地的森林使用者积极参与其中，那么就能阻止森林退化，并能改善居民的生活。因此，社区林业旨在减少自然资源的退化，并获得环境与经济收益。而实现经济体林业政策的战略性方向之一就是让当地人民和社区参与到森林管理之中。

最佳实践显示，当地人民和社区的生产力是林业行业的全权利益相关者，因此只有人民和社区参与其中才能在拥有富饶的森林资源的经济体，强大的环境非政府组织，以及能够理解环境的审美与娱乐价值的活跃民间团体中实现最佳的森林管理。为了高效结合经济活动与环境保护，应该基于环境保护的审美与道德增值价值，在利益相关的当地社区和相关政府部门之间明确建立可靠关联。

在乌兹别克斯坦，很大一部分农村人口居住在林地或林地附近。这些人口的生活和社会福利直接与林业产品相关，因为这些产品是农村地区人口谋生和增加社会福利的来源。因此，为了让当地自治政府、人民和当地社区参与到森林可持续管理中，林业部门制定了规划活动，并限制了这些活动对森林的影响。与此同时，联合森林管理的工具可以是森林地块租赁，也可以是社区林业，但执行这类方法的机制则是综合管理计划，包括制定实现可持续多功能森林管理的新型（非传统）行动方案。该方法将森林看作是一个与环境和人类社会有着永恒交互作用的统一生态系统。因此，新型的管理计划应该是一项"综合计划"，并同时考虑到资源潜能和所有利益相关者的需求。

这里需要指出的是，在这种情况下，可以适应当地环境、特性和实际的相关国际经验与知识具有一定实用性。

在乌兹别克斯坦，许多国际组织制定了各种方案，开展关于生物多样性保护和社区林业促进的活动。例如，一项 UNDP/GEF 计划就着眼于"社区林业与造林"，并在该项计划中规定了相应的方法指南。在执行计划的过程中，训练当地居民，选择试点区域，制定并执行关于长期林地租赁的法律法规，并在试点进行重新造林活动。

　　另一个 UNDP/GEF 项目提供了培训，培训内容为"可持续土地管理最佳实践：社区林业与农林业"。向培训参与者介绍农林业和社区林业目的、目标、方式、福利和问题。这些人还需要学习个案研究和最佳实践，进行案例分析，提供可实现所设立目标的理想选择，并在考虑潜在收益的基础上，计划相关农林业和社区活动。

　　如采用修复退化林地的可行途径，可以减少相应的政府基金，而土地租赁人则能够可持续地获取收益。土地租赁人一般为当地人，他们会和地方林场合作，在当地林场的退化地块进行重新造林。通过这一举措，土地租赁人和当地林场均能获益。根据与相关农场缔结的租赁合同，租赁人一般会承租退化的林场地块五年左右。如果租赁人能够遵守租赁合同中的所有条款，则租赁时长可以延长至十年。租赁人负责种植并照看树木。如果租赁人利用种植树木行距种植蔬菜和饲料作物，产出归租赁人所有，但林木制品则应由租赁人和当地林场五五分成。为了监督协议双方遵守租赁合同条款，成立了社区林业委员会，并执行相应章程。这些委员会由来自当地社区、地方政府、当地自治政府，以及自然保护机构的代表组成。在委员会会议期间，会讨论目前存在的问题，并作出与社区林业相关的决定。社区林业具有多个优势，例如可以利用种植树木间的行距快速盈利；帮助参与社区重新造林活动的租赁人家庭可以获得稳定收入；增加当地人在邻近地区造林的个人与公共责任感；为当地人提供有利的个体经营环境；节约之前用于植树造林和恢复林地保护的公共基金。

　　2011 年至 2013 年，执行了国际干旱地区农业研究中心（ICARDA）项目框，该项目主要针对气候变化制定当地策略，在该项目框架内，卡多克山村（位于那沃伊省）的居民在附近退化的林地上重新植树造林。该地区由于过度利用树木、灌木以及其他植被，尤其是砍伐木材和过度放牧，导致林地退化。

　　在展开重新植树造林活动之前，在退化山坡上修筑了梯田。根据测试结果，常选择木地肤、心叶驼绒藜、新疆藜鹿蹄草等饲料灌木。这些灌木具有强健的生根能力，可以帮助防止水土流失和降低滑坡风险。为了重建退化林地，选择了当地一些具有经济价值的树木进行种植，包括杏树（山杏树）、山楂树（土耳其山楂），以及野蔷薇（犬蔷薇）作为主要种植植被。

　　通过在山坡上种植树木和饲料灌木等共同合作和公共活动，当地人找到了新的收入来源，并降低了山体滑坡的风险。在农村居民会议上，作出了以下两个重要决定：一是未经允许不得在修复山坡上放牧，二是建立由当地人组成的工作小组，管理森林修复过程以及修复地块的可持续利用。

通过这种土地利用方式，在进行决策和解决问题的过程中，每家每户都拥有平等权利。因此在决定禁止在山脚修复林地放牧和确立新的集体管理体系之前，能够通过这种方式获得所有居民的共识与同意。

根据规定，每家每户都准备不在修复过的山坡上放牛，并准备参与到集体收割的活动中。所有收成（饲料、柴火和其他草药）由所有参与农户平均分成。修复后的森林除了能够提供牛饲料，并为农户增加销售果树与灌木所获得的收入外，还能够改善当地的自然景观，并能通过一日休闲和旅游业增加额外经济来源。而这些收入已足以支付进一步修复森林所需的费用。现有的工作小组应监管放牛活动，确保可持续的畜牧发展。此外，该小组还应负责安排社区活动，进行森林修复，集体收成，以及每家每户收成和收入的平均分配。

2016 年 8 月，在"森林与生物多样化管理，包括环境监督"框架下，在吉尔吉斯斯坦、塔吉克斯坦和乌兹别克斯坦召开了联合森林管理地区会议。乌兹别克斯坦分会的主题是乌兹别克斯坦地区的林业发展，林业教育，关于在卡拉卡尔帕克斯坦进行植树造林和环境保护的经验和方法，在非灌溉地进行植树造林的作用和生产力，当地人群与农业在社区林业的参与情况，以及环境非政府组织在社区林业发展中的重要性和作用。

值得说明的是，为了满足下列森林相关需求，可以租赁乌兹别克斯坦的森林地块：

● 拾取柴火和其他林木产品。

● 割晒牧草，种植农作物，开办养蜂场，摘取野果和坚果、蘑菇、浆果、草药、满足科技需求的植物，以及其他附加的森林产品。

● 打猎活动与需求，科学研究，文化与健康改善，旅游与体育活动。

显然，将森林管理权转移给当地社区和小型农场提供了更多机会，能够通过森林增加收益，并进一步确保人们对森林附加值的理解。高效的社区森林管理需要政府部门和社区意识到自身的责任，且管理相关方均应具备履行这些责任相应的能力。

但是，由于各部门机构之间缺乏充分的协调与合作，具备当代知识与技能的森林专家紧缺，且计划与监督不足，社区林业原则与方法无法广泛传播。与此同时，通过社区林业进行的森林地块可持续管理能够修复森林生态系统的关键功能，适应并缓解气候变化，保护生物多样性，并对抗荒漠化。因此，社区林业的方法与原则能够促进三大里约协议的落实：联合国气候变化框架公约（UNFCCC），生物多样性公约（CBD），以及联合国荒漠化对抗公约（UNCCD）。正因如此，在《到 2030 年乌兹别克斯坦林业发展概念》草案中，特别强调了社区林业。

1.6 林产品的生产、消费与贸易

乌兹别克斯坦一直是一个低森林覆盖率的经济体。经济体森林面积 960 万公顷，仅占整个经济体领土面积的 21.7%。森林覆盖面积达到 303 万公顷，但森林覆盖率仅为 6.7%。乌兹别克斯坦的森林蓄积量主要位于卡拉卡帕尔斯坦、布哈拉和那沃伊，但在费尔干纳山谷、撒马尔罕和锡尔省也有少量森林覆盖。经济体森林蓄积地主要为沙地（778 万公顷），山地（150 万公顷），河谷林（10 万公顷）和山谷（18 万公顷）。

乌兹别克斯坦境内的森林属于森林功能分类中的一类，约有 200 种树木和灌木，其中包括引进树种。沙漠里主要种植白梭梭和黑梭梭，以及其他沙漠灌木：柽柳、红柳等。山地上主要种植杜松、金钟柏、胡桃、阿月浑子、杏仁、山楂，及其他（小檗属、蔷薇属和沙棘等）。河谷林上主要种植地方白杨灌木种和其他阔叶树木（胡颓子属等）。山谷里还有落叶植物、果树和其他树种。

在乌兹别克斯坦，森林属于经济体财产，这些森林构成了统一的森林蓄积。其中包括经济体重点保护森林，政府林业机关管辖森林，以及由其他部门机关和法人实体利用的森林。

一般来说，自然资源的用途分为综合用途和特殊用途。在土地所有者和土地使用者之间签订的合同中规定了植物的综合用途，这些用途不收取费用，且用途数量仅限于生计需求。而特殊用途则需要通过许可制度进行规定。

森林利用可以是永久的，也可以是暂时的。森林的永久使用者是指林业公司、机构和组织，这些使用者拥有森林保护区，并具备森林的永久所有权。在许多情况下，临时森林使用者是指当地社区。可以进行最多三年的短期森林管理，或最多十年的长期森林管理。由负责土地管理的政府部门与 SCNP 一同确定适用于公共机构的规范和程序。由内阁达成确定费用、费率和采集程序。

为了增加森林覆盖率，MFD 进行了旨在保护生物多样性的活动。表 1-3 列出了 MFD 在 2010 年到 2011 年之间开展活动的关键指标。

表 1-3　乌兹别克斯坦主林业部开展的主要活动及指标

活动	指标	
	2010	2011
重新造林与防护造林（播种、种植、支持自然再造林）	42.5 千公顷	42.8 千公顷
包括裸露的咸海河床	15.3 千公顷	16.7 千公顷
生长的种植材料（播种、树苗）	50.1 百万棵	50.2 百万棵
林木种子的生产	139 吨	143 吨
森林药草与食物作物的生产	314.6 吨	280.5 吨
可对抗荒漠化的陆生根绝措施	24.4 千公顷	24.8 千公顷
卫生采伐	5450 立方米	3662 立方米
重新造林与森林采伐	20315 立方米	16850 立方米

来源：乌兹别克斯坦共和国生物多样性保护第五次国家报告

乌兹别克斯坦境内的林场每年都会进行森林播种（43000 公顷）、种植（20000 公顷），并实现自然再造林（16000 公顷），包括 16000 到 17000 公顷的咸海裸露河床。

2014 年，种植果树和观赏性植物包括：2200 株郁金香，910 株克里米亚松柏以及 47200 株枣树。在 25225 公顷区域内进行森林防护活动，这些活动包括对抗 15225 公顷森林病虫害的生物防治措施，设立 123 千米的防火森林带，58 千米的森林防风带，并建立 314 个矿藏带。100 公顷土地上种植 18 种药草和食品作物，并收获了 263 吨药草和食品作物。共生产了超过 85000 袋的 10 种药草和食品作物产品。

而在 2015 年，共播种了 4700 多株郁金香，超过 36000 多株克里米亚松柏，以及 39000 多株枣树。在种植森林植被的同时，还在 24500 公顷的土地上进行了森林防护活动，其中包括在 15100 公顷区域内采取生物防护措施。另外还在 1822.8 公顷的林地上种植了草药和食品作物。

种植的木材生产份额占每年生产木材总量的 30%（或 10 立方米）。这种木材可用作建筑材料，并能用于 60 多个行业产品中，另外还可以满足藤编家具、篮筐和坐垫，以及其他藤编部件、窗框门框、铲子把手、传统木质沙发和桌子以及各种手工物品、纪念品等的家庭需求。

除了林业产品这一主要目的外，当地人还会将木材用于下列途径：梨树和杏树可以用来制作乐器；胡桃树可以用来生产家具和加工车床（树瘤）；树叶和果皮可药用；

阿月浑子树可用来烧炭、生产车床加工品以及涂料生产；荒漠植物（梭梭、枣树等）可用作柴火；鼠李木和伏牛花可用作油漆和药物的原材料。

为了为经济体内的人们提供工业用木材，林业机构已开展并执行特殊的政府决议，即"关于进一步种植工业用杨木并开办快速生长物种林场的措施"，1994.02.08 第 62 号。必须说明的是，每种植 1 公顷的白杨和其他快速生长森林树种，就可以生产 100 立方米到 600 立方米的木材。种植多种白杨木的试点证明，二十年间的木材总产量为 600 立方米，其中 411 立方米的木材用于制造木质产品，42 立方米木材用于建筑施工，另生产了 12 立方米的小圆木。目前，已经可以在可灌溉地种植园内开发并使用本地小黑杨制造木材的技术。

实际上，国内用各种伐木生产的木材总量只有 40000 立方米（表 1-4）。

表 1-4 2013 年木材产量数据

木材种类	产量 /1000 立方米
原木	36
工业用原木	10
木材	25
木基板材	4
木质纤维（吨）	7
木柴	26

来源：FAO 统计，http://www.fao.org/forestry/country/57025/en/uzb/

同时，非木材森林产品和服务还能够让农村居民维持生计，还能广泛用于当地社区。例如，当地居民可以割晒牧草，养殖蜜蜂，收获坚果、水果、浆果、蘑菇、食物和药草，以及柴火。

总之，乌兹别克斯坦对草药和野生食物植被的需求较大。在经济市场中，有许多从事野生植物和药草的公司，且这些公司的产品都能够满足医药和食品行业的需求。这些非木材森林产品的主要供应商为 MFD 管辖的生产公司（Shifobakhsh）。每年，SCNP 都会根据乌兹别克斯坦科学院提供的依据确定并制定关于草药和野生食品作物以及其他植物技术原材料产业生产的配额（规定）。表 1-5 中列出了 2010 年植物森林产品生产数量。

表1-5　2010年植被森林产品生产情况

生产量类别	生产量 / 吨
配额生产量	4355.36
实际生产量	1927.9

来源：乌兹别克斯坦共和国生物多样性保护第五次国家报告

2010年，收获了约300吨草药和芳香植物（狗蔷薇、鞣树、薄荷醇、光果甘草等）、94吨坚果产品（杏仁、胡桃、开心果）以及53吨蜂蜜，并切割了12吨干草（表1-6）。

表1-6　2010年非木质森林产品的商业价值

产品名称	主要品种	2010年非木质森林产品的商业价值 / UZS*	非木质森林产品种类
坚果	开心果、胡桃、坚果、杏仁	740000	1
药用与香料植物	狗蔷薇、光果甘草、胡椒薄荷、金盏花、土耳其山楂	500000	3
蜂蜜	槐花蜜、板栗蜜、柳树、棉花、向日葵、骆驼刺	1500000	2
野生水果	苹果、野生樱桃、板栗、骆驼刺	200000	3
木质手工艺品	垂柳、桑树、榆木、悬铃木	100000	4
合计		3040000	

* 乌兹别克斯坦货币，苏姆（UZS），汇率为1640 UZS=1 US（2010年12月）
来源：FAO全球森林资源评估，乌兹别克斯坦2015年国家报告；根据专家预算进行更新；

2015年，MFD报告称普通民众消费品都是在经济体森林蓄积用地产出的，且销售额为260000美元，但林业相关服务消费额仅有28000美元。[①]

森林植被出口所产生的收入每年高达80000美元。总之，林场出售木材和非木材森林产品每年大约可获得300000美元的收入。

一年生植物和多年生植物食品主要包括香菜、胡荽、罗勒、茴香、洋葱、醋栗、狗蔷薇、覆盆子等。预计到2020年，至少将播种和种植800~1000公顷的森林食品作物。届时，野生食品作物的年产量可达到1000~1500吨，能够满足乌兹别克斯坦的相应需求。

[①] 乌兹别克斯坦农业与水资源部，2015

2. 林业对经济发展的贡献

2.1　森林与林地的经济与环境重要性

2.2　森林与林业融资与投资

2.3　森林、生计与贫困

2.1 森林与林地的经济与环境重要性

2.1.1 森林与林地的环境重要性

乌兹别克斯坦森林具有政府认证的环境功能，且森林的重要性仍在持续增长。根据森林的性质和类别，乌兹别克斯坦森林起到了保护、节水、卫生清洁、产氧、气候调节和健康促进的功能，这部分森林包括在严格保护区域的森林。在乌兹别克斯坦，森林起到了对抗荒漠化的作用。这些森林保护农业和其他地块不受水侵蚀、风蚀以及其他自然灾害的伤害。另外，森林不仅能够通过将地表径流转变为地下径流，还能固定流动沙子，防止泥石流的形成。这些森林对于经济体经济中的其他产业，尤其是农业、畜牧业，以及水资源保护等具有显著影响。日渐严重的缺水使得山林对于节水越来越重要，例如山林能够通过流域管理形成河川径流。在经济体中的所有自然区域内，森林对于土壤的保护作用变得越来越明显。在经济体森林蓄积用地上，尤其是在灌溉农业用地上进行植树造林，能够提供大量的碳隔离势能，而这一势能目前尚未被挖掘。这种势能不仅包含与缓解气候变化活动相关的生态形式，还包含经济价值，而这种价值可以转变为现金收入。在乌兹别克斯坦，森林是大部分动植物和菌类的主要栖居地，这些动植物和菌类只能在森林里生存。

尽管乌兹别克斯坦境内的森林面积较小，但森林对气候、水质与空气质量都有一定影响。森林能够保护农业用地，为人们提供舒适的居住环境，还能在保护生物多样性的前提下让人们进行休闲活动。森林能够通过很多方式影响环境质量，并在不同程度上为人们提供舒适健康的生活环境。森林能够高效地清洁大气环境。森林中树木的枝叶能够将灰尘和其他有害物质吸附在表面，然后等待雨水将这些物质冲刷到地面上。森林还能够通过蒸发大量水分，保证较高的空气湿度，避免森林本身及周边用地出现干旱。

乌兹别克斯坦有着严峻的大陆性气候，超过50%的领土为盐湖和退化土地，因此森林在这里起着非常重要的作用。众所周知，树木在生产大气活性氧方面起到了巨大的地球化学和能源作用。特别是森林能够保持臭氧层的平衡，避免人类和动物受紫外线直射。另外，森林还能减少地表径流，并使地表径流转变为地下径流。正因如此，森林可以缓解水流对土地的侵蚀。

森林能够提供多项生态系统服务。森林是天然的长期二氧化碳封存器，因为森林可以封存并捕获二氧化碳，然后将二氧化碳作为有机物累积在植物内部，植物会将有机物残留物和土壤则会产生并释放出所有野生生命赖以生存的氧气。预计乌兹别克斯坦的二氧化碳封存年蕴藏量为253万吨，包括在经济体森林蓄积用地植树造林所获取的58万吨二氧化碳，以及在农业用地进行的其他活动而产生的195万吨二氧化碳，而这部分二氧化碳主要是防护林植被可能沉积的二氧化碳。

咸海位于乌兹别克斯坦的东北侧，跨越了乌兹别克斯坦和哈萨克斯坦之间的国境。在上个世纪后半叶，世界上最主要的内陆水域之一，咸海出现了严重退化。联合国秘书长强调称，咸海的干旱问题是世界上最严重的环境灾害之一，秘书长明确表示应对咸海干旱造成的负面影响是全世界的共同责任，也是中亚各国的共同责任。咸海水量曾一度减少至原有的十分之一，其水面面积也曾减小至四分之一。裸露的海床面积现已达到450万公顷，与此同时盐土荒漠和沙漠面积则蔓延至300万公顷。直接和间接影响居住在沿海盆地的几百万居民生命和健康质量的主要原因是周边地区的气候变化、地形、动植物以及盐分与沙尘输送。每年，有超过7500万吨灰尘和盐害颗粒排放到大气中。裸露咸海海床上的尘土在长度和宽度上都能达到400千米。根据专家调查，帕米尔高原冰川和天山山脉，甚至是北极圈都发现了灰尘。已经在咸海地区种植了防护林，防止流沙，避免盐转移和大范围荒漠化的进一步扩大。实际上，防护林已覆盖了裸露咸海海床的大部分区域。每年在咸海海床种植成千上万株植物。为了保护农业用地不受有害物质和盐分的侵蚀，计划到2030年在裸露的咸海海床上种植超过100万公顷的森林植被。

解决与咸海灾害相关的问题已被提上世界社区的最高议程。因此，国际挽救咸海基金（IFAS）执行委员会以及联合国欧洲经济委员会（UNECE）于2016年6月8日到10日在格鲁吉亚巴统召开的第八届部长级会议"欧洲环境"上签订了框架联合呼吁，用于支持在咸海盆地植树造林。该呼吁反映了各方为了改善咸海地区环境状况，防止盐分和灰尘转移，固定移动沙地，减少土壤风蚀，改善人群健康，以及恢复动植物的决心。

森林范围，护田林带，甚至特殊树木可以保护土壤和作物不受强风、干燥气候的侵蚀以及其他不利的自然暴露的伤害，因此在保护周边生产性农业用地方面起着重要作用。

保护地形和生物多样性以及文化遗产的一种方式是建立保护区。为了保护咸海地区的生物多样性，已建立起总面积为370万公顷的经济体保护公园，到2019年蓄水池和湖泊的面积会有所增加，从而进一步发展渔业。

根据内阁部长《关于 2013 年到 2017 年在乌兹别克斯坦共和国进行环境保护活动项目的决议》，在林业部门进行各项活动，这些活动旨在进一步改善环境状况，高效利用自然资源，并将可持续发展的环境理念引入经济体经济。

另外，在乌兹别克斯坦，森林生态系统还能够美化世界知名的建筑古迹，因此还具有美化环境和休闲的作用。而且森林生态系统还可以用于各种科学、研究和教育项目，这些都让森林更加迷人。

森林还大大促进了旅游业的发展。实际上，乌兹别克斯坦目前已在促进并发展森林，尤其是山林的生态旅游业。

2.1.2 森林与林地的经济重要性

严禁对乌兹别克斯坦森林进行商业开发。与此同时，很多人（49%）住在乌兹别克斯坦的农村地区，因此他们的生活和福利与森林和其他经济体森林蓄积用地都有着直接联系。尽管这些地区的森林覆盖率较小，但这些森林为当地人提供了许多机会和福利。大部分自然生态系统都由于气候干燥而变得越来越脆弱。因此，生态系统应对外部冲击的回弹力较弱,但人为干涉却成立加快经济体生态系统退化的附加因素。因此，其中一个经济体千年发展目标是确保环境的可持续性。林业能够帮助实现目标，并能增加经济体内人口的幸福度。而实现这一目标的关键活动之一就是植树造林。

特别是在过去十年里，共在咸海地区种植了 74 万公顷的森林，其中包括裸露咸海海床上的 31 万公顷。通过植树造林，共将 23 万公顷的土地转变为森林覆盖的区域。每年在裸露的咸海海床种植 1.5 万 ~1.6 万公顷的植物。在过去十三年里，森林植被总面积增加了两倍：2000 年森林用地达到了 137 万公顷（占整个经济体领土面积的 3%），2013 年森林用地面积增加到了 333 万公顷（占整个经济体领土面积的 7.3%）。这减少了因环境退化而造成的经济损失，并改善了咸海地区居民的居住福利以及该地区的发展。

但是，由于经济体森林资源有限，且非木材效益在环境保护等方面同样重要，因此并没有对木材资源进行商业利用。乌兹别克斯坦的 GDP 为 1988230 亿苏姆时，林业份额仅小于 1%。因此，林业相对于其他行业更能满足所有绿色经济概念的要求和原则，但乌兹别克斯坦并没有将林业作为经济发展优先产业。

2.2 森林与林业融资与投资

对林业的投资包括来自中央政府预算和当地行政预算的目标基金，以及相关部门、政府机构以及其他森林使用组织提供的资金。利用这些投资，可以按照政府制定的详细价目表，增加林业部门为法人机构及个体提供有偿服务，以及向国际捐赠人发放补助和出资而产生的收入。

2015 年，乌兹别克斯坦根据《关于进一步改善植物利用的措施》的政府决议，开始实施关于森林资源利用的管理程序与支付规定。该法律规定了森林资源的利用方式，促进了国内制药产业的发展，增加了国产药物的分类，并支持按规定种植并收获野生植物，并对这些植物进行加工生产。该法律还为从事非木材产品的企业家提供了有利环境，并进一步放宽企业家和私营企业的经济活动。

为了利用经济体森林蓄积用地，永久的森林使用者可将这些地块租给临时森林使用者，并收取一定租金。这些地块可用于放牛、割晒牧草、开设蜂房和养蜂场、收割树枝和灌木，但不得砍伐树木，还可以利用经济体森林蓄积用地进行文化与教育活动，并安排森林用地进行养生、休闲、观赏、科学与研究活动。

上述所有森林利用活动均可获益。永久的森林使用者可对这些活动收取费用。政府机构等永久性森林使用者对森林利用收取的费用可用作森林开发基金预算。法人实体就森林利用支付的款项应通过银行转账的方式支付，而个体则可通过现金付款或银行转账的方式支付。

因此，林场按照经济体法律提供服务并进行生产活动获得的收入是基金的重要来源，这笔收入能确保实现森林生态体系的可持续管理。内阁部长《关于进一步利用植物的措施》2015.09.30 第 278 号决议中，规定了森林使用和植物利用相关支付流程，以及获得植物使用权的手续流程。一般根据最低工资中的相应因素确定特定的森林利用类型所需支付的金额。2015 年，林业公共支出金额为 11550811000 苏姆（7,043,000 美元[①]）。

考虑到林业的重要性，内阁部长于 2016 年 6 月特别采用了 168 号决议。根据该决议，在 MFD 下属设立了林业发展基金。基金旨在获取能够投资到林业发展中的资金，从而加强林场的物资与科技基础。该基金还能在保护、节约、繁殖并复原经济体林地基金

---

① 外汇汇率为 1 美元 =1640 苏姆（2010 年）

用地上的动植物时，增强相应效率。

林业发展基金的资金来源包括获得国家基金林地利用许可的费用；修复国家基金林地（除国家保护基地外）内动植物破坏收取的费用；获得在国家基金林地放牛，割晒牧草，设立蜂房和养蜂场，收割灌木和枝桠材（但不得砍伐树木）许可收取的费用；利用国家基金林地地块进行文化与教育、养生、休闲和观赏活动收取的费用；以及捐赠和慈善捐款等。

所获得的资金尤其可由 MFD 用于进行目标计划，这些计划包括制定与林业相关法律法规，从而引进创新方法与当代技术。基金还可以用于森林选择，进行森林管理与设计探索工作，开设森林生产加工小型作坊，以及养蜂、家禽饲养、畜牧、养鱼等。

2.3 森林、生计与贫困

目前可持续发展目标（SDGS）已设定到 2030 年，该目标将食品安全，人民福利以及自然资源管理看作一个整体，并认为这三者不可分割。与此同时，一般认为为了实现 SDG，必须实现可持续的林业与农业管理，并将可持续管理与土地利用规划相结合，从而确保食品安全，对抗气候变化。

如果能将森林与农业用地合理结合，则可以进一步增强农业生产效率。此外，由于农业生产是农村人口食品、能源和收入的重要来源，因此森林与树木还可以确保农村人口的食品安全。

森林和树木仅占乌兹别克斯坦领土的一小部分。但森林生态系统却能大大增加乌兹别克斯坦大部分农村人口的福利和生活质量。这种影响既是直接的（如木材和柴火，非木材等），也可以是间接的（如固定流沙，修复退化牧场，建立护林带和林业苗圃并种植树苗等）。

乌兹别克斯坦拥有大量的自然资源，以及能够实现每年两次作物成熟的独特农业气候加工能力。很明显，利用该加工能力的最佳方式也是提高人民生活标准和福利的最佳方式。

因此，自然生态系统资源，包括森林资源的有效利用具有社会与经济意义，能够保证住在林地或林地附近居民的可持续生活。新方法、方式和技术的应用需要林业员工与专业人员和当地政府工作人员具备林业和自然保护相关的经验与技术，还需要当地居民和社区加强林业和自然保护意识。例如，农村居民早就开始使用生态系统服务，包括使用木材进行建设和烧柴，收割草药和食品作物，采集草药种子，打猎，割晒牧草，放牛，生产饲料，采摘蘑菇、浆果、坚果和水果等。但是联合森林管理、社区林业或农林业的最佳实践是最近才引进乌兹别克斯坦并加以应用的方法和技术。目前，在乌兹别克斯坦和大中亚地区，比较有效的种植方式是，在农林业体系中主要种植白杨作为防护林带，并在灌溉地种植棉花或小麦；在林牧业方面，主要种植胡桃木以及饲料作物或水果、浆果灌木。

但是，在大量进行上述实践之前，必须进行相关的成本效益分析。为了确保复杂方法的适用性，还应该对环境保护和耗水量活动成本等指标进行评估。与此同时，当地人代表还必须在周围森林保护、繁育和生产等活动规划与执行方面起到关键作用，且当地人应能够通过这些活动获取利益。

通过这些活动所赚取的利益应能够抵消资金、人工、设备以及经验与专业分享等输出。这类方法让开展活动的人和社区获得更多所有权，并能够评估各自的开发能力和机会。

例如，在沙漠地区可以稳定流沙、保护生物多样性以及通过在农林业开展最佳实践为当地居民提供有利环境实现社会与经济发展，从而实现生态系统的稳定性。

当然，要高效地执行上述方法，必须勤劳地进行系统且有针对性的劳作。这些工作应能够加强并改善森林资源利用的监督体系，提高林业员工与专业人员的培训、教育和专业技能质量，相应更改并修订林业法律，并加强当地居民意识，让他们认识到环境的重要性、自然资源利用以及环境相关培训和教育的社会与经济价值。

3. 林业政策与法律

3.1　林业概述

3.2　短期与长期林业发展规划

3.3　林业发展的过去与未来

3.1 林业概述

乌兹别克斯坦的森林是关键自然元素，也是生物多样性中不可或缺的一部分。这些森林具有重要的环境与社会职能，并在经济体经济发展与环境改善中发挥着重要作用。在乌兹别克斯坦，森林属于经济体财产，这些森林构成了统一的森林积蓄。其中包括国家重点保护森林、政府林业机关管辖森林以及由其他部门机关和法人实体利用的森林。乌兹别克斯坦共有 16 个国家级林场，48 个次国家级林场，5 个森林与猎场，6 个专化林场，7 个科学实验站，1 个国家公园，5 个国家保护区，以及 2 个生物圈保护区。根据经济体分类，这些森林可细分为：

- 沿河、沿湖以及沿水库防护林带。
- 抗侵蚀森林。
- 沿铁路和公路的防护林带。
- 沙漠与半沙漠带森林。
- 城市森林与森林公园。
- 城市、居住区和工业中心周围绿化区森林。
- 医疗保健机构周围的森林。
- 极具价值的林分。
- 坚果生产地带的森林。
- 果树种植林。
- 国家公园与自然保护区森林。
- 具有科学与历史意义的森林。

由内阁部长、MFD、地方行政和其他政府部门和机构管控森林的保护、利用与种植。MFD 负责通过七个次级债券地方林业中心负责森林管理。

内阁达成的职责如下：

- 执行保护与合理利用森林的统一国家政策。
- 管控国家森林基金。
- 建立确定森林保护类别的法律命令。
- 建立收取森林利用费用及费率的法令。

33

- 组织并执行森林保留、保护、利用与繁殖的经济体控制。

- 建立进行经济体森林蓄积和维护经济体森林地籍图和其他问题的法令。

地方行政负责：

- 按国家林业机构的许可，为法人与私人实体提供除了国家自然保护区和国家自然公园中的森林保护区之外的国家森林基金站点。

- 进行经济体森林调查，并维护经济体森林地籍图。

- 进行森林保留、保护、利用与繁殖的经济体控制。

- 就企业活动的限制、暂停和确定做出决定，确定并组织会对森林造成伤害的情况。

- 为森林放牧以及与国家林业机构合作利用森林资源的其他方式建立并规定规范标准。

- 就森林保护、利用和繁殖方面组织公共环境教育。

已根据乌兹别克斯坦共和国《关于将乌兹别克斯坦国家林业委员会转变为乌兹别克斯坦共和国农业与水资源部林业主部门》，2000.02.07 第 UP-2536 号总统法令，建立 MFD。MFD 履行政府部门的职能，负责乌兹别克斯坦境内的林业管理。[1]

根据上述法令，MFD 将负责：

- 监控林业法律，与林业与打猎文件相关的技术规定应用。

- 在林业基金范围内的森林管理，包括对森林运营，国家自然保护区、自然公园和其他林业基金范围内的自然保护区域的管理。

- 执行旨在林业基金区域整体扩大与合理利用的统一技术政策与标准。

- 森林用地及动植物的经济体森林调查与研究。

- 林业科学创新与最佳实践的推广。

- 制定并实施重新造林与防护林种植措施，组织山地、峡谷与荒地的种植活动控制侵蚀。

- 执行对抗农业用地荒漠化的措施。

- 预防森林火灾，避免未经允许的砍伐和其他林业违规行为，预防森林虫害与病害，包括改善森林保护体系。

- 在次级区域进行保护活动并维护打猎设施。

---

[1] http://www.lex.uz/pages/GetAct.aspx?lact_id=755854

- 对打猎设施进行部门管理与监督，确保设施符合森林基金领土对打猎的规定、标准与条款。
- 根据对当地与外部市场需求的调查，组织制定并实施观赏性园艺统一战略。
- 采取措施，制备并生产药用与食品作物，次级农场和园艺产品，并为制备生产这些产品而专门设立各科部门。
- 进一步增强林业公司以及专门从事草药生产林业公司的经济独立程度，使这些公司能够适应市场经济从而改善公司经济状况。
- 在林业方面，吸引外资，设立合资企业，并鼓励个人创业，促进小公司的发展。
- 为林业公司和组织培训员工能力。

另外，MFD 规定了国家基金林地利用、保护与保持，森林繁殖以及森林生产力增长之间的关系。MFD 还指定并介绍了林业的法律法规框架，执行了高效利用并保护生物与地形多样性的计划，加强森林的环境、自然保护、娱乐和其他关键功能。另外，MFD 的领导人为乌兹别克斯坦农业与水资源部副部长，按内阁部长的决议任命。

整体规定详见法令附件中的五个章节，法令说明了活动、职能、职权和组织安排的关键任务与方向。法令涉及人数超过 7000，包括 300 名高级管理人员和决策者，以及约 100 名工程与技术人员。[1] 然而，为了实现高效的林业管理，至少还需要 3000 名专业技术人员和 500 名管理人员。

在该地区，由省级林场和可持续林业公司进行林业管理。以下为 MFD 组织结构（图 3-1）。

另外，下列 MFD 管辖下的其他部门也是其组织结构中不可分割的部分：

- 共和国观赏园艺与林业科学与生产中心。
- 自然保护区、公园与打猎部。
- 共和国技能提升科学与生产中心。
- 草药与食品作物种植、加工与包装科研中心 "SHIFOBAKHSH"。
- 共和国林木种子站。
- 乌兹别克斯坦森林法规与设计探索公司 "UZGIPROURMONLOYIKHA"。

---

① http://www.lesovod.org.ua/node/24405

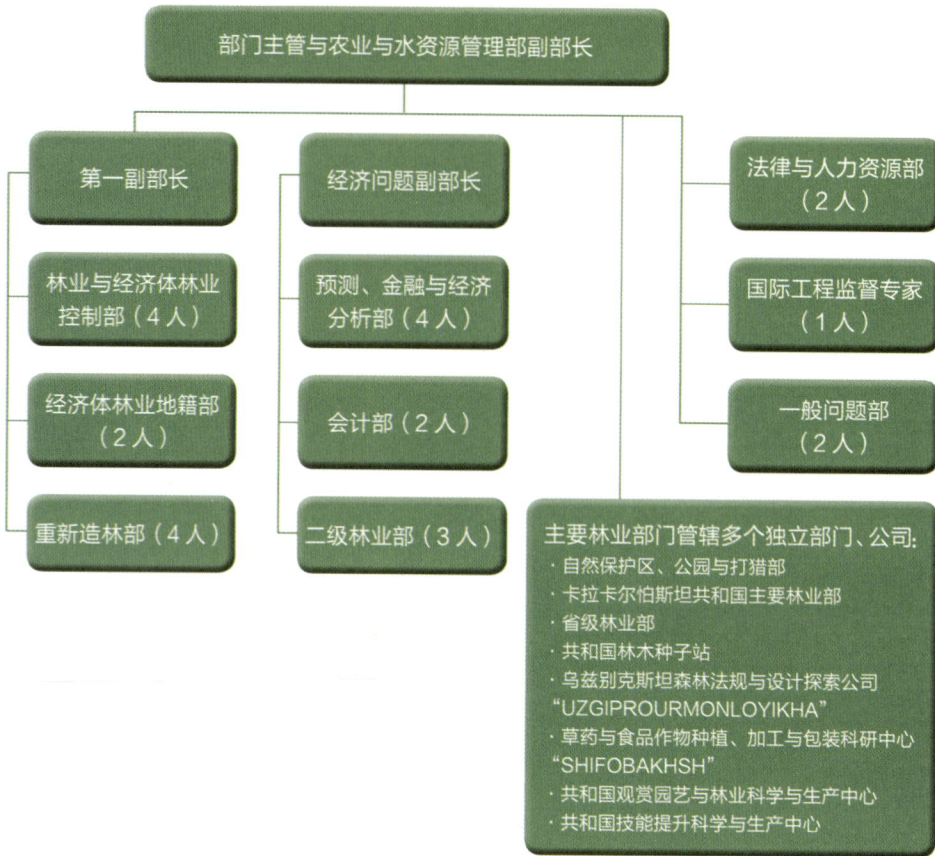

图 3-1　农业与水资源部主林业部组织结构

大部分森林（经济体森林储蓄的 85%）属于 MFD，剩余部分属于塔什干州 Khokimiyat（市长）（60 万公顷）和 SNCP（9 万公顷）。

政府授权 SCNP 监督森林利用与保护是否遵守法律规定。

MFD 每年都会报告规划的实施情况，并说明满足林业需求所需的预算基金，但最终由委员会对下列事项进行政府管制：

- 森林生态系统的形成。
- 确保森林保持，有价值的自然地形，水体与农业用地保护／调整，以及其他森林植被功能。
- 管理自然保护区，并维护保护区域。

乌兹别克斯坦境内林业相关活动中的主要利益相关者和目标受益人均为下列政府机构的代表：

- 农业与水资源部林业主部门（MAWR）管辖下的主要林业部。

- 国家土地资源、大地测量、地图绘制与国家地籍委员会经济体地图测绘中心。

- 国家自然保护委员会。

- MFD 管辖的地方林场。

- 塔什干州地方政府。

- 乌兹别克斯坦国家公路问题。

- 乌兹别克斯坦国家科学研究院。

- 乌兹别克斯坦铁路联合国家问题。

- 地级与省级政府部门。

上述所有机构均在乌兹别克斯坦经济体森林可持续管理中起到直接或间接的作用。

经济体土地资源、大地测量、地图绘制和国家地籍委员会负责处理森林相关数据与信息。

SCNP 在森林可持续管理（SFM）中起着特殊作用。该机构能够管控 MFD 及其管辖的林场。该机构可以检查 MFD 及其管辖林场是否按照规定的 SFM 法律法规执行工作。该机构还在指定保护区域管理相关政策方面起到了特殊作用。大部分管理区域都受 MFD 的管辖。

塔什干地方政府，直接负责塔什干地区的森林资源管理。由于某些政治原因，整个乌兹别克斯坦只有塔什干地区政府直接负责当地的森林资源管理。MFD 不负责该机构管理的林场，因此 MFD 和塔什干当地政府之间缺乏数据交换。

乌兹别克斯坦公路局也是利益相关者，这是因为该机构负责公路沿途的所有森林，也就是说该机构也在森林管理中起到了积极作用。政府制定了在公路沿途植树造林的方案，因此该机构需要与 MFD 和林场紧密合作。

乌兹别克斯坦科学学会主要关注森林动植物，因此该机构的工作主要是科学方面的。学会主要负责根据其他数据来源，对国家森林资源调查（NFI）进行完整分析。这种分析可以进一步帮助理解搜集到的林业相关 NFI 数据。

乌兹别克斯坦铁路局在森林管理方面的作用与乌兹别克斯坦公路局类似。由该机构负责管理铁路沿途的森林。

在整合林业管理计划与省级计划时，地级和省级政府负责协调林场内活动。

在林业活动中涉及部分非政府机构，包括农民协会、农村社区、非政府组织、教育和研究机构和私营部门。在乌兹别克斯坦，共有约 70 个非政府组织负责处理环境问题。另外，乌兹别克斯坦还有一个环境问题非政府组织协会——EcoForum（http://www.

ecoforum.uz）。最著名的乌兹别克斯坦非政府机构有：乌兹别克斯坦生态运动，一个主要关注植树造林、园艺和生态等林业问题的非政府机构；费尔干纳生态环保协会、乌兹别克斯坦青少年生态网络、共和国农户委员会以及人民自治组织。

乌兹别克斯坦共和国林业法律包括 1999 年生效的《林业法》和其他法律规定[①]。法律规定的目标与任务包括制定森林保护、保持、高效利用，增加生产力的森林以及保护法人实体和个人相关权利的相互关系。

《森林法》包括 43 个条款，详细规定了森林的职能和保护类型，说明了森林是公共财产，并解释了"国家基金林地""国家基金林地用地""国家基金林地地块"等术语。该法律还规定了森林保护、保持、利用和繁殖的公共管理。法律确定了内阁部长和当地政府关于林地管理的管理职权及相互联系。另外，该法律还规定直接负责森林管控、保护与保持，利用与繁育的机构。该法律中包括林业组织和森林保护的关键规定，说明了森林管理与利用的关键原则，并解释了应进行的公共森林资源调查以及经济体森林地籍。

法律中有一条关于林业金融方面的条款，特别说明了能够促进森林保护与保持、高效利用与繁殖的出资和经济激励。这里，应特别强调根据 2016 年内阁部长特别决议设立的林业开发基金。基金的资金来源主要用于改善林地基础设施，尤其是林业发展，加强林场物资与技术基础，并加强国家基金林地动植物的保护、保持、繁育与复原。

法律规定了与森林利用相关的问题以及授权利用森林的原则，并区分永久性森林使用者和临时森林使用者的权利与义务。法律规定了森林利用的类型，担保了森林使用者的权利，确定了森林利用权利的流程，并规定了这类权利限制、终止和禁止的情况。

另外还有部分条款规定了植树造林、造林管理、加大森林生产力，加强森林虫害、病害和其他负面影响的管理。另外部分条款还规定了在进行与林业无关的工作过程中，如确定、设计、建设以及试运转森林企业、工厂和其他会影响森林形成与繁育场所的流程。

一般来说，自然资源的用途分为综合用途和特殊用途。在土地所有者和土地使用者之间签订的合同中规定了植物的一般用途，这些用途不收取费用，且用途数量仅限于生计需求。而特殊用途则需要通过许可制度进行规定。

森林利用可以是永久的，也可以是暂时的。森林的永久使用者是指林业公司、机

[①] http://www.uznature.uz/?q=ru/node/45

构和组织，这些使用者拥有森林保护区，并具备森林的永久所有权。在许多情况下，临时森林使用者是指当地社区。可以进行最多三年的短期森林管理，或最多十年的长期森林管理。由负责土地管理的政府部门与 SCNP 一同确定适用于公共机构的规范和程序。由内阁部长决定费用、费率和采集程序。法律第 26 条规定了树木砍伐与灌木种植的情况。

根据第 12 条，SCNP 不受其他政府部门管辖，独立负责执行森林保护、保持、利用与繁育。为了合理安排森林与植物利用的决策人员，SCNP 采用了"国家基金林地外森林树木砍伐与灌木种植许可"以及"国家基金林地外林地隔山林地与放牧许可"制度。SCNP 还制定采用了《关于发布并上报在国家基金林地外树木砍伐与灌木种植以及割晒牧草与放牛的流程规定》（乌兹别克斯坦共和国司法部注册的 SCNP 法令，2007.05.15 第 01-705 号，2007.06.04 第 1686 号）。

为了获得 SCNP 颁发的树木砍伐以及其他动植物利用许可，还采用了其他许可制度，包括"在国家基金林地采集并加工野生草药、食品及技术作物的许可""在牧场割晒牧草的森林卡牌""在国家基金林地进行树木砍伐的森林卡牌"以及"关于发放并上报在国家基金林地采集并加工野生草药、视频和技术作物的许可""在国家基金林地割晒牧草和放牧的森林卡牌"，以及"在国家基金林地砍伐树木的卡牌"（乌兹别克斯坦司法部注册登记的 SCNP 法令 20017.06.17 第 68 号，2007.08.03 第 1700 号）。

总之，发布多种森林生态系统利用许可的流程是保护和高效利用森林生态系统的因素之一。例如，自 2016 年 10 月 1 日至 2016 年 12 月 30 日，SCNP 根据 2017 年需要采集和生产的野生植被种类与数量指定限额。显然，这种方式可以保护植被。

乌兹别克斯坦共和国的环境保护法主要包括且基于下列法律：

- 《乌兹别克斯坦共和国宪法》（1992 年）
- 《环境保护法》（1992 年）
- 《政府卫生督察法》（1992 年）
- 《水体与水利用法》（1993 年）
- 《计量法》（1993 年）
- 《大气保护法》（1993 年）
- 《严格保护区域法》（1993 年）
- 《动物保护与利用法》（1997 年）
- 《植物保护与利用法》（1997 年）

- 《地图测绘法》（1997 年）
- 《农业公司重新调整法》（1997 年）
- 乌兹别克斯坦土地法令》（1998 年）
- 《农场法》（1998 年）
- 《德干高原农场法》（1998 年）
- 《国家土地地籍法》（1998 年）
- 《水力设备安全法》（1999 年）
- 《国家地籍法》（2000 年）
- 《农业植被虫害、病害与种子保护法》（2000 年）
- 《废料法》（2002 年）
- 《保护区域法》（2004 年）
- 为加强乌兹别克斯坦共和国农业与水资源经济改革变更与修订部分法律文献的法律（2009 年）
- 《变更与修订乌兹别克斯坦共和国部分法律文献》的法律（2010 年）
- 《环境控制法》（2013 年）
- 《人口卫生与流行病福利法》（2015 年）
- 关于变更并修订《动物保护与利用法》的法律（2016 年）
- 关于变更并修订《植物保护与利用法》的法律（2016 年）

在乌兹别克斯坦，已执行多个战略法律文件，包括环境保护经济体行动计划、环境卫生经济体行动计划、生物多样性保护国家战略与行动计划、对抗干旱与荒漠化的经济体行动计划、再生能源国家战略、经济体实现可持续发展的教育理念、缓解咸海灾害后果的经济体概念，以及 2015~2018 咸海地区复原与社会经济发展。这些文件均旨在管理环境挑战与问题。为了执行这些文件，已制定了金融、如何吸引外资等一系列相应机制。

与环境和自然保护活动相关的法律如下：

- 《乌兹别克斯坦共和国 2013~2017 关于乌兹别克斯坦环境保护行动计划》的内阁部长决策，2013.05.27 第 142 号（计划投入 893.9 亿苏姆，相当于 16.35 亿美元和 5763 万欧元[①]）。计划内，更新后的经济体生物多样性保护策略和行动计划，

---

① http://www.podrobno.uz/cat/politic/v+uzbekistane+prinyata+programma+po+ecologii+na+2013–2017g.g./

以及乌兹别克斯坦共和国与 UNFCCC 的意见交流。

- 《乌兹别克斯坦共和国关于采用乌兹别克斯坦公共环境监督法规》的内阁部长决议，2002.04.03 第 111 号。
- 《关于采用环境控制领域法律法规内阁部长决议》，2015.10.08 第 286 号。
- 《关于采用公共环境控制标准法律法规内阁部长决议》，2015.10.08 第 287 号。
- 《关于批准乌兹别克斯坦植物损害补偿税收计算的内阁部长决议》，1995.07.27 第 293 号。
- 《关于进一步发展白杨木材生产和建立快速生长物种种植园的措施的乌兹别克斯坦共和国内阁部长决议》，1994.02.08 第 62 号。
- 《关于进一步完善林业开发融资措施的内阁部长决议》，2016.10.06 第 198 号。
- 《关于基本完善土地开垦体系措施的内阁部长法令》，2007.10.29 第 PF 3932 号。
- 《关于 2008~2012 国家灌溉土地开垦完善计划的乌兹别克斯坦总统决议》，2008.03.19。

目前，更新经济体对抗干旱与荒漠化的行动计划已进入最后阶段。

区域级协议与文件包括：

- 中亚地区为实现可持续发展而进行环境保护的协议框架（土库曼斯坦，2006）。
- 在对抗荒漠化的协议环境下，中亚经济体对抗荒漠化的此区域行动计划（古巴，2003）。
- 中亚地区环境保护区域行动计划（哈萨克斯坦，2001）。
- 中亚地区环境中心运行条款协议（哈萨克斯坦，2000）。
- 哈萨克斯坦政府、吉尔吉斯斯坦共和国政府以及乌兹别克斯坦共和国政府间关就环境保护与自然资源高效利用进行合作的协议（吉尔吉斯斯坦，1998）。
- 关于中亚经济体及国际组织咸海平原地区可持续发展中相关问题的努库斯宣言（乌兹别克斯坦，1995）。
- 共同合作处理咸海平原与咸海区域，并改善环境状况和确保咸海地区社会经济发展的协议（哈萨克斯坦，1993）。

国际环境协议及乌兹别克斯坦签署或批准约定如下：

- 联合国气候变化协议框架（1993 年加入）。
- 联合国气候变化协议框架京都协定书（1999 年）。
- 维也纳臭氧层保护协议（1993 年）。

- 关于消耗臭氧层物质的蒙特利尔议定书（1993 年）。
- 关于消耗臭氧层物质的蒙特利尔协定书轮动与哥本哈根修正案（1998 年），以及蒙特利尔与北京蒙特利尔修正案（2006 年）。
- 关于控制有害废物跨界转移与处置的巴塞尔协议（1996 年）。
- 联合国生物多样性协议（1995 年）。
- 联合国防治荒漠化协议（1995 年）。
- 濒危野生动植物物种国际贸易协议（CITES）（1997 年）。
- 关于野生动物迁移物种保护的协议（1998 年）[2005 年在协议框架内签订非洲 – 欧亚迁移水鸟协议（AEWA）]。
- 关于在军事中禁用环境修整技术及其他敌对利用的协议（ENMOD）（1993 年）。
- 关于湿地国际重要性的协议（拉姆萨尔协议）（2002 年）。

3.2 短期与长期林业发展规划

　　MAWR 批准的五年计划是乌兹别克斯坦林业行业社会与经济发展计划的关键与标准方式。该计划以林业开发计划方法为基础，开发方法中包括之后五年相关社会经济指标的发展。报告周期结束时，MFD 应向 MAWR 报告计划任务与行动中相关目标与执行质量的完成情况。

　　目前，五年计划已特别规划到市场环境中，并用于减少生产成本和优化管理决策。该计划证明了 MFD 改善并安排组织与生产结构所需行动的高效性与有效性。在乌兹别克斯坦，森林属于第一大类，因此五年计划的主要目的是保护环境，包括水体保护、卫生保健、娱乐及其他有价值的森林功能。这种同时利用适合防护林的主要目的，也符合森林的主要功能。

　　计划的关键指标包括森林植被数量与面积（包括在裸露的咸海海床上种植的植被）、定植苗（样本、苗木和种子数量）、卫生砍伐、木材与非木材产品生产等，这些指标都能够证明 MFD 行为的高效性。除了特殊指标外，还有分配并交付的资金量，MFD 员工的奖金、工资和薪水等经济指标。工资和薪水指数按乌兹别克斯坦总统相关法令进行管理。

　　根据五年计划，MFD 管理为每个林场制定了年度开发计划。一年计划包括与上述类似的目标与指标，但其中包括了每个林场的特征。

根据年度计划的完成情况,MFD 会给予最杰出的森林专业人才金钱奖励或道德奖赏。

2016 年,乌兹别克斯坦新总统宣布了到 2021 年的长期经济体经济结构整改计划(2016 年 12 月 4 日)。该计划旨在确保能源与环境的可持续性。为了实现策略发展,已制定了经济体对抗荒漠化、退化与干旱的行动计划,并起草了到 2030 年的林业开发概念。

该概念的主要目标是确定森林产业的关键发展优先级。优先级的制定是为了更有效地采取措施,保护森林资源并加快树木繁殖,加强森林的环境与保护功能,在节约资源的前提下利用经济体森林蓄积用地与森林,根据最佳实践和积累经验确定林业相关社会要素,并更改区域与世界开发环境。概念的开发与实施会根据接下来 50 年长期林业开发计划,更改 MFD 的结构,制定并采用林业标准以及林业开发关键原则。另外还需要更改并修订相关的现有经济体法律。

为了完成上述任务,需要改善现有法律框架,指定林业政策,监督会可保护并完善现有森林的法律与政策执行情况,并进一步增加森林覆盖面积。因此建立联合森林管理及改善林地租赁关系体系就变得非常重要,这能够确保当地居民通过高效的林地与森林利用实现可持续社会经济效益。另外,为了确保可持续的森林管理,确定制度资质并引进金融机制也非常重要。

显然,为了正确估计对生物多样性保护,尤其是形成森林资源的经济影响,需要通过生物多样性与生态系统服务的环境影响评估,对环境情况进行精准分析。因此,为了确定适用于当地环境的森林生态系统经济价值评估方法,必须建立、制定并加入必要的制度与人力资源。这类方法可以帮助增强森林的重要性,从而引导经济体经济向绿色经济转变。

但由于经济体内森林资源有限,人们缺乏对非木材相关利益的理解,因此很难完成上述任务。因此,乌兹别克斯坦制订了促进木材资源保护及大型的环境保护综合利用计划。为了实现该计划,应通过创建休闲区、度假村和野营,开发疗养院和养生设施,实现生态旅游、农业旅游和体育与打猎旅游,目前估计这一系列旅游业可吸引约 200 万的国内外游客。如该计划实施顺利,约 100 万当地人以及 100 万外国人可从中受益。预计该计划每年可产生 5 亿美元到 40 亿美元的收入。另外,这一计划还可以促进能够节约和高效利用自然资源的技术应用。例如,在 2.5 公顷土地上种植坚果和果树,在非灌溉和沙地上建设花园和葡萄园等,进行作物种植等大型工程,并在这些工程中使用滴流灌溉、太阳能或生物能功能系统(每投资 100 亿美元的可能投资回收期为十年,之后可每年盈利)。大量种植开心果、杏树、胡桃、鼠李、犬蔷薇、草药等,并考虑生产生态产品，投资回收期为十年。

执行国际碳金融项目，包括种植快速生长的树木（与碳固定和二氧化碳汇相关），这些项目具有协同效应，既可以吸引大量气候融资，又可以满足木材的国内需求。[①]

3.3　林业发展的过去与未来

根据"突厥斯坦林业"（2004）[②]，突厥斯坦现为乌兹别克斯坦的领土，在其被俄国殖民之前，森林管理分布零散且管理方式原始粗糙，且会根据"shariat"特殊条款进行打猎管理。后制定了突厥斯坦管理法规以及经济体财产和农业管理指南。该文件规定了"公共森林管理流程，植树造林开发措施，以及森林产品销售及税收流程"的重要性。

1889 到 1897 年间，突厥斯坦林业部门首次进行森林法规活动。尽管可以在许多经济体机构档案馆和图书馆里找到相关证据，但这些证据并不系统，而且大部分历史文献和报告都已经遗失。

根据政府法令，授权农业与公共财产部执行《关于植树造林和森林工作》法令。该法令要求：（1）在山坡上植树造林，避免农田出现滑坡和泥石流，并在草原上进行植树造林，固定流动沙子；（2）在多个地区建设树木与灌木苗圃，并贮存可供当地人口定植的树苗。（3）该部门应为响应这一要求的个人提供植树造林的技术指导。[③]

林业工作者第一次代表大会上做出的决议认可了山林对水体保护的重要性，并说明了山林因非法砍伐、森林火灾和放牧等问题导致山林数量减少。该决议对于突厥斯坦的林业发展有着重要作用。该决议建议将山林列为保护对象,因为山林可以防止险峰、滑坡与岩滑、水土流失、快速雪融、泥石流的形成，并能保护所有流入突厥斯坦河流流域的泉水和河流。同时，该决议还强调，应在灌溉渠、灌溉道等沿线人工种植树林。该决议还指出早期在突厥斯坦提供森林植被的人认为公共林业的首要任务是保护与维护河岸带和草原森林。自发和未调节的放牧工作严重损害了这些森林。

1879 年秋，首次通过种植白色洋槐调整并改良了森林，并在哈曼 - 库坦地区种植了臭椿和皂荚。值得一提的是，此次植树造林虽然受突厥斯坦主要林业部门的监督与

---

① http://www.lesovod.org.ua/node/24405
② 突厥斯坦林业。K.S. Ashimov. 2004
③ 费尔干纳林业备注。突厥斯坦公告，1888 年第 16 号和第 20 号 1888

管辖，但这并非政府导向的活动。

但在俄罗斯帝国瓦解，并成立苏维埃社会主义共和国联盟后，突厥斯坦指定并采用了重要的"森林法"（1921 年）。另外，还成立了突厥斯坦苏维埃共和国的林业附属部门，该部门分成三个单位，行政部，森林法规与开垦部以及打猎部（1921 年）。之后，成立了乌兹别克斯坦苏维埃社会主义共和国林业与森林产业人民军需部（1936 年），后来该部门被改造为林业部（1947 年），后来又在林业部基础上成立了国家林业委员会（1962 年）。之后，国家林业委员会被改造成了联盟 – 共和国生产协会"UzbekLes"。该协会后被乌兹别克斯坦共和国国家林业委员会取代（1991 年），而国家林业委员会被改造成农业与水资源部主要林业部（MFD）（2005 年）。

MFD 主要根据经济体《林业法》执行活动（1999 年）。根据《林业法》第 4 条，森林是经济体财产和财富，应由经济体合理利用并保护。该法律中主要阐述了下列问题。

（1）所有森林都是国家森林基金不可分割的一部分，这些森林包括：

● 经济体重点保护森林，包括由国家林业机构管辖的森林。

● 其他机构和法人实体利用的森林。

国家森林基金不包括：

● 树木与树群、农田保护林带以及其他农田树木和灌木植被。

● 沿铁路、公路、隧道和其他水体的防护林。

● 城市与住宅区内的树木与树群，以及其他绿色植物。

● 农田与花园内的树木与树群。

（2）《植物保护与利用法》规定不包括在国家森林基金中的树木与灌木植被的种植、维护、保护与利用活动。

（3）可提供国家森林基金土地供法人与私人实体使用。

（4）森林利用可以是永久性的也可以是暂时的。

（5）永久性的森林使用者可以是根据永久租赁合同拥有国家森林基金用地的林业公司、机构和组织。

（6）临时森林使用可以是短期的（如最长三年），也可以是长期的（如最长十年）。

必须在各个方面制定森林行业的长期计划，以确保所有方法与之前中心计划体系一致。这些计划可以是经济计划，为播种、种植以及自然再生与植树造林保障措施设定各种定量分析指标。根据过时的方法，仍然采用过去制定的低效方法，执行林业管理及其监督与活动评估。

4. 森林可持续管理的最佳实践

4.1 土壤与水源保护

4.2 荒漠化的控制

4.3 牧场规划控制

4.4 盐碱化控制

4.5 预防森林火灾与病害

4.6 生物多样性的保护

4.7 退化森林的恢复

4.8 森林资源与非森林产品的综合利用

4.1 土壤与水源保护

乌兹别克斯坦目前有 46% 的灌溉地发生盐碱化。高度盐碱化是乌兹别克斯坦最主要的环境问题。乌兹别克斯坦全国范围内都出现了水资源与土地资源的减少。但是，目前仍然没有对生态系统生产力与服务相关的土壤退化经济结果进行任何综合评估。[①]大部分灌溉地仍在发生盐碱化，同时还出现了地下水水位过高、水侵蚀、农业与生物多样性损失等其他危害。这不仅限制了农业与其他行业的发展，还恶化了人口收入过低的问题。

解决上述问题，目前最重要的是改善水资源管理计划。达成这一目的的关键方法如下：

- 改善审核与水质管理系统。
- 完善水资源与环境监督。
- 制定水源利用与消耗相关制度。
- 通过改善灌溉系统的技术形态，制定并执行加快利用节水灌溉技术的措施，并高效利用水资源，实现节约用水。
- 支持各种农业改革，并加强水资源使用者协会与农户协会的作用。
- 加强关于可利用水源与土地管理的知识传播和技术利用。
- 继续加强大众对于自然资源高效利用与气候变化的重视。
- 推广"洁净"农业的原则，减少农业中矿物肥料与农药的利用。
- 提高水资源利用效率，避免因大量利用节水技术导致的土地进一步盐碱化和土壤质量下降，对灌溉系统进行现代化建设，提高灌溉渠利用效率和减少隧道覆盖的渗透范围。[②]

开垦盐碱地的可能方法是利用盐生植物（喜盐植物）去除盐碱土壤和水源中的盐分。目前已经在实施这种基于研究结果的方法，在乌兹别克斯坦咸海盆地几百个小湖周围贫瘠的盐碱地上培育并可持续种植盐生植物作为饲料和可再生生物能源。

[①] 乌兹别克斯坦第五次生物多样性保护报告。经济体自然保护委员会 /UNDP/GEF. 2015
[②] http://www.cawater-info.net/5wwf/national_report_uzbekistan.htm

乌兹别克斯坦的生态运动提出建立环境管理机构与政策框架，特别强调边缘资源的利用，土地、水分以及生态系统的管理与保护。[1]

4.2 荒漠化的控制

由于独特的自然与地理特征，乌兹别克斯坦很容易出现荒漠化和土地退化，在这里已有大量土地出现荒漠化问题。而中亚地区因低效的水源利用方式造成的最严重的环境灾害就是咸海和阿姆 – 达林河三角洲的土地退化。目前，咸海和阿姆 – 达林河三角洲都是荒漠化最严重的地区。荒漠化、土地退化和干旱严重影响了人们的生存、生活质量、健康和栖居。

目前，更新经济体对抗荒漠化和干旱的过程已进入最后阶段。计划的主要目标如下：

- 在全国范围内提高荒漠化、土地退化和干旱，以及这些灾害对社会经济发展的影响的认知度。
- 应对与土地退化、荒漠化和干旱相关的挑战、威胁与压力的措施与行动。
- 在决策过程中，遵守执行优先级，监督关键部门履行协调职责，并在对抗荒漠化的过程中高效履行经济体对 UNCCD 的承诺与责任。
- 经济体的行动能力，包括将对抗荒漠化与经济体级行业计划，消除引起荒漠化因素的监督系统，以及当地群众参与相结合等行动。

多国计划《中央经济体土地管理倡议书》（CACILM）在对抗荒漠化中起到了主要作用。在该计划中，调动了资源，并制定了优先经济体行动项目建议书。项目建议书主要关注以下几个方面：

- 阿姆 – 达林河平原中流地区，对抗灌溉地盐碱化与缓解气候变化的行动。
- 缓解因气候变化造成高荒漠化风险区域的干旱影响。
- 土地退化经济状况，生态系统服务的评估与成本。
- 山谷与峡谷森林的可持续管理。

在试验项目的框架内，测试增强土地肥力的高效方法。例如，种植多年生草本植物、豆荚属植物，如甘草、木蓝等，或采用磷石膏。磷石膏可以在改善退化土地，也就是碱性土的土壤质量，磷石膏适用于重质和黏质土，也适用于熟土和砂土。

---

[1] http://sites.nationalacademies.org/PGA/PEER/PGA_069267

在荒漠化土地上，MFD 主要在以下方面采取了森林开垦行动：

- 建立保护森林带体系。
- 在大型灌溉和主要道路网络附近种植树木。
- 通过种植梭梭和其他沙地植被，固定流动沙子，并在沙漠植树造林。

4.3　牧场规划控制

在乌兹别克斯坦，超过 1900 万公顷的土地为牧场（相当于农业、林业和保护用地的 46%）。因此，牧场是一种分布较广的农业用地。

国家基金林地（大部分是沙漠、干旱草原或经过森林开伐的山麓）实际上都用于放牧。因此，牲畜成为在国家基金林地和除国家基金林地外其他土地上进行植树造林的最大威胁。林业和牧场与其他部门有着紧密联系。例如，粗放经营的牧场在饲料方面主要依赖灌溉农业。目前，饲料短缺是造成秋季、冬季和早春过度放牧的主要原因。实际上，牧场生产力减小的平均速率已达到 1.5%。在干旱的牧场，退化的根本原因就是过度放牧（图 4–1）。[1]

牧场管理和可持续放牧的新方法必须能够确保更加高效的牧场利用[2]。但牧场利用管理是个复杂的问题，需要采用系统的方法。在向绿色经济转变的过程中，如通过建立社会为中心市场机制确立自然资源利用的新环境政策，则可持续牧场利用必须基于以下关键规定：

- 复原并保护牧场，确保地形与环境体系能够复原生物多样性和环境质量。
- 在牧场利用和牲畜之间建立起以市场为基础的关系，确保经济效益和商业化。
- 增加牧场地区居民的就业率、收入和福利。[3]

另外，还在牧场利用中采用了封闭式繁殖周期这一高效方法，确保牧场生产力的进一步（或标准）复原，避免牧场退化，确保生物多样性复原，并改善环境质量。

MFD 采取了行动，通过建立牧场防护与饲料开垦林带增强牧场生产力，所建立林带由多列林木和灌木构成。除了需要选择林带内种植的树木和灌木构成及其位置外，

---

[1] 乌兹别克斯坦第五次生物多样性保护报告。经济体自然保护委员会 /UNDP/GEF. 2015
[2] http://www.uz.undp.org/content/dam/uzbekistan/docs/projectdocuments/EEU/un_prodoc__Rus.pdf
[3] http://infocapital.uz/ru/

林带结构还应该稠密、开阔。建立牧场保护林带，可以避免表层肥沃土壤的流失；另外，这些林带还可以调整矿化地下水的水位，而当地人可以最终获得柴火。[1]

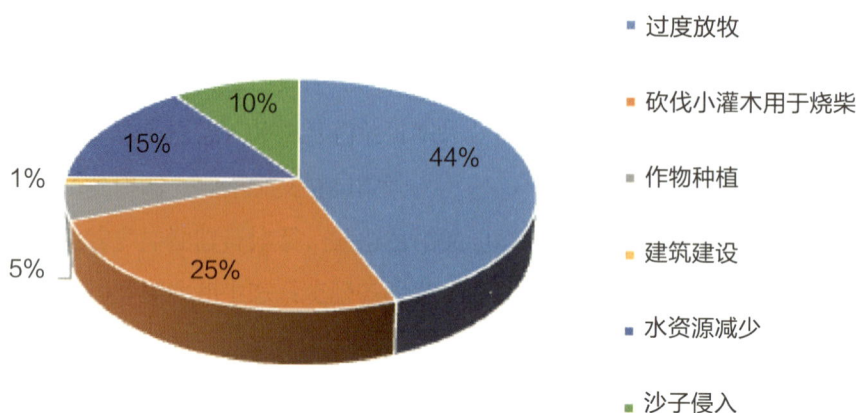

来源：乌兹别克斯坦第五次生物多样性保护报告。经济体自然保护委员会/UNDP/GEF. 2015

图 4-1　牧场退化的根本原因

4.4　盐碱化控制

在上个世纪之初，咸海是世界上第四大内陆海。但是，由于未能正确引导流入咸海的水源，咸海流失了超过 90% 的水量，且看起来像一个个独立的小湖。实际上，咸海变成了总面积约为 500 万公顷的沙漠，现已更名为阿拉卡姆沙漠，同样的情况还有克孜勒库姆沙漠和卡拉库木沙漠。

咸海的干涸导致水资源紧缺，饮用水质量下降，土地退化，生物多样性急剧减少，以及该地区居民健康问题，而这些问题只是咸海干涸造成的负面影响和结果中的一小部分。咸海裸露的海床上出现了盐碱水渍，这些颗粒传播到了远方，并因大风散播到大路上。目前科学家已发现这些来自咸海的盐分颗粒会加快高山冰川的融化。[2]咸海灾害恶化了乌兹别克斯坦的荒漠化和土地盐碱化。

为了对抗上述这些影响和后果，乌兹别克斯坦现提出了下列方法：

● 增强单位面积的水源消耗率，种植水密集性较小的植被，种植耐盐植物，更改

[1] http://sgp.uz/news/743
[2] http://www.interfax.by/article/72344

低效土地的使用方式，并复原排水系统。

- 指定评估土壤和地下水内化学物质和盐碱化程度的方法和技术，排放盐碱水并清洗盐碱土壤。

- 利用人口生产量，制定针对土壤退化的新方法或调整原有的标准方法。

在乌兹别克斯坦，已实现了通过森林种植固定咸海裸露海床上的沙子。每年都会在咸海裸露海床种植 1.5~1.6 万公顷的树木，MFD 已完成了 4.2 万公顷的植树造林。

近期乌兹别克斯坦的湿地生态系统仍然是三角洲，即两端开放的弯型湖泊。由于表面径流用于灌溉，阿姆 – 达林河流三角洲上的湖泊面积减小甚至完全消失，并且其中许多湖泊变为了灌溉排泄湖。尤其是所有弓形湖泊均已消失，而两端延伸的湖泊变为了灌溉排泄湖。与此同时，阿姆 – 达林三角洲的所有湖泊均被看做是潜在不稳定系统，并已经失去了原有的生态系统以及相应的社会职能与功能。

为了保持这些湖泊的社会与生物圈价值，需要依赖大量的潜在科技水再生研究以及组织安排和决策。如成功实施就能实现这些水体的环境稳定性，并相应保护这些湖泊在避免全球变暖和气候干燥方面的相关社会价值。[①]

4.5 预防森林火灾与病害

乌兹别克斯坦除了森林覆盖率低之外，还面临森林火灾的威胁。实际上，森林火灾也是造成自然和气候变化的一个因素（一年中大部分时间都处于干燥炎热的天气。森林火灾后的林地修复需要花费几十年时间和大量资金）。

因此，内阁部长发布了《乌兹别克斯坦共和国森林防火安全条例》的决议，1999.11.22 第 506 号。根据该决议，授予 MFD 对执行遵守国家基金林地区域相关规定的控制权。因此，MFD 也需要负责避免森林火灾。MFD 采取了预防措施避免这一自然灾难，并加强了预防措施以及与山林火灾相关的行动。

在林地建立起防火走廊和林带。相关部门、机构、学会代表、专家和林业决策者参与的目标研讨会和会议。在这些会议上，特别关注加强森林火灾预防的措施以及相应的及时决策。与此同时，与会者交换了使用科技工具和设备控制森林火灾的经验，

---

① 乌兹别克斯坦第五次生物多样性保护报告。经济体自然保护委员会 /UNDP/GEF. 2015

并介绍了预防森林火灾所采取的措施。但在乌兹别克斯坦，仍然没有对森林火灾进行监控。[1]

乌兹别克斯坦不断增加的树木在面临森林虫害和病害时非常脆弱。虫害会影响树木的生长，并导致树木干枯和死亡，使得树木无法用于建设。

MFD 评估并预测森林虫害与病害的潜在情况、产业与公共设施污染的负面影响以及其他影响。MFD 还采取了行动，避免森林瘟疫与疾病的传播，并增强森林恢复力。另外，还进行了森林病理学研究，并根据该研究采取表面与生物学探讨方法对抗森林虫害与病害。为了治理开心果树上的毛毛虫，采取了化学保护法，尤其采用了适用于林业的 BI-58（磷酰胺、伏杀硫磷和苯磷酸盐）等宽频谱化学物质。另外，还会使用石斛杆菌素（消耗标准为 1~3kg/ 公顷），加木林（消耗标准为 1~3kg/ 公顷）以及特尔菲（消耗标准为 1~2kg/ 公顷[2]）等微生物药物。

目前，为了预防植被病害与虫害，特别制定了环保的方法，特别是生物方法保护植被。实际上，开发植被生物保护方式一方面通过发明了多个可以抑制一部分虫害的新的非化学方法，因此扩充了相关内容，另一方面改变了生物方法在治理虫害方面的作用与重要性。

对抗虫害非常重要且有效的工具是建立并安排大中亚经济体的地区网络，网络中将包括一些利益相关的专家与决策者。该网络的主要任务是加强对森林虫害的重视，建立数据库，交换不同经济体之间的信息，了解经济体执行对抗森林虫害活动的能力，并为做出合理决策所需的基线指标指定林业决策者。

4.6 生物多样性的保护

由于农业在乌兹别克斯坦起到了重要作用，经济体内的经济体福利和可持续发展主要依赖于自然资源的有效性与分布。由于气候干燥，因此乌兹别克斯坦大部分自然生态系统都非常脆弱。过度放牧等农业活动，能源与矿藏行业的发展几乎对经济体境内所有的自然生态系统都有影响。另外，生态系统还面临着严重的人为压力，而且不断变化的水文与气候条件也会影响生态系统。

---

① 乌兹别克斯坦第二次环境绩效审核，UNECE，2010
② http://pistachio.uz/vrediteli-i-bolezni

威胁乌兹别克斯坦生物多样性的关键因素包括：

- 栖息地的减少以及自然生态系统的退化。

- 物种（动植物）数量的减少，包括具有经济价值的物种。

- 基因多样性的降低以及物种的自然恢复力（病害与气候变化等原因）减弱。

被破坏的生态系统不稳定且生产力低下，因此无法进行气候调节并稳定环境。最终，野生自然保护区以及修复和再生自然生态系统的代价就加倍增长。

因此，乌兹别克斯坦生物多样性修复与保护能够合理并可靠地确保经济体的环境稳定性和可持续发展，并调整环境与气候变化的现状。

在乌兹别克斯坦，生物多样性的保护与可持续性利用是自然环境政策中最重要的优先级之一，可以通过下列机制实现这一优先级：

- 乌兹别克斯坦共和国生物多样性保护经济体策略与行动计划，用于确定与生物多样性相关的关键方向与行动（内阁部长决议，1998.04.01 第 139 号）。

- 遵守经济体红皮书，其中列举了濒危动植物物种。目前，乌兹别克斯坦红皮书中共列出了 77 种无脊椎动物，321 种高等植物，以及 3 种菌类（2009 年）。

- 确保乌兹别克斯坦保护区域体系的运行与发展。目前，共有 8 个自然保护区，2 个自然公园和 1 个经济体公园，1 个生物圈保护区，3 个自然苗圃，12 个狩猎保护区以及 7 个自然遗迹。确保生物多样性可持续保护（IUCN 的 I–IV 类）的 PA 总面积已超过了经济体领土的 5%。

- 为了使用工具，政府调节了动植物利用，采取措施撤销所需利用物种的时间轴与数量。

- 政府和经济实体通过各个项目审核环境并评估环境影响，并采取其他行动保护生物多样性。

- 列出动植物清册。

- 其他与乌兹别克斯坦自然保护法相关的机制（如自然资源可持续使用的经济诱因）。

在乌兹别克斯坦，经济体计划和生物多样性保护项目开发的关键战略方向与下列经济体与国际优先级一致：

- 维护并修复生态系统以及地力保持关键因素，确保生态系统服务的有效性。

- 将生物多样性保护行动和可持续利用与整个自然资源利用方法的工作相结合。

- 根据经济价值评估生物多样性和生态系统服务。

- 扩大面积，并增加 PA 系统管理的有效性。
- 加强利益相关者和大众对生物多样性以及生态系统服务重要性，以及对经济体福利与发展贡献的认识。

在乌兹别克斯坦，生物多样性保护及其可持续发展是经济体环境政策的优先级之一。为了减缓全国范围内生物多样化损失的速度，需要做到以下几点：

- 制定法律法规框架，并执行相关机制。
- 改善系统协调、合作、支持与激励。
- 建立生物多样性监督体系，并采用相关的可持续利用方法。
- 进行生物多样性和生态系统服务的经济评估。[①]

4.7 退化森林的恢复

乌兹别克斯坦的森林是关键的自然元素，也是生物多样性中不可或缺的一部分。森林属于可持续生态系统，森林不受人为行动的影响，因此是调整当地土壤和气候条件以及气候影响的最佳方式。但是，乌兹别克斯坦受地理位置影响，环境与气候条件导致荒漠化、土地退化和森林砍伐情况日渐严重。与此同时，与森林和土地退化相关的直接或间接主要驱动因素是人类活动和人为因素。然后，森林与土地退化还会造成全球气候变暖，而这又会导致土地退化并进一步造成荒漠化。

由于上世纪 50 到 60 年代，乌兹别克斯坦采用了集中且极端无效和自发的农业政策，因此经济体内的林地数量急剧下降。因此，由于过度限制径流，且过度建设水力电厂，河岸森林面积减少至原来的 1/10 以下。过度放牧，因生火与建设需求而砍伐树木与灌木，排水至洼地，以及过度灌溉都导致了山地与沙漠地区的森林退化。咸海的干涸已导致了乌兹别克斯坦和中亚地区的森林和环境受到严重影响。

因森林砍伐、森林退化、气候变化以及生物多样性减少等造成的影响会导致社会与经济环境的恶化。为避免这种恶化，缓解和减少负面影响的行动能够复原被砍伐的森林，避免森林退化，并促进植树造林。

在沙漠、山地和河岸区域设立森林基金，从而改善现有森林分布并增加森林覆盖面积。在沙漠中，主要种植梭梭、猪毛菜和沙拐枣等植被，但在山地上主要种植三种松柏、

---

① 乌兹别克斯坦第五次生物多样性保护报告。经济体自然保护委员会 /UNDP/GEF. 2015

胡桃、杏树、开心果等植被，山谷地区则种植白杨木、枫木、榆木、皂荚以及生长速度较快的果树和外来植被。另外在河岸地区则种植白杨、柳树、沙枣等。

MFD 在乌兹别克斯坦进行植树造林的总面积上 42000 公顷。而经济体的森林覆盖率仅为领土的 1%，也就是未来林地的次生林。为了增强森林活动的质量和效率，尽量增加种植树苗质量及其生产力，并进一步对自然森林的繁殖和退化生态系统的复原进行分类，并建立大型快速生长树木苗圃。

4.8　森林资源与非森林产品的综合利用

乌兹别克斯坦属于干旱大陆性气候，境内的森林主要用于保护河流流域、建立防风防尘绿化带、保护生物多样性和野生动植物。在乌兹别克斯坦，由于森林数量有限且森林具有重要的防护与环境功能，因此禁止对森林资源进行商业利用。一般通过进口森林产品满足国内的木材需求。另外，经济体内还会在合适区域大量生产当地树种，来满足国内对木材的需求。

在乌兹别克斯坦，森林是生物保护的自然对象。森林保护了农业用地和其他用地不受水力和风力的侵蚀。森林通过将径流转变为地下水而避免了滑坡，并固定了流动沙子。在沙漠地区，可以通过建设具有牧场保护力，土壤改良和饲料供给的森林带加强土地肥力。这也改善了牲畜与牛群的饲养。

采集坚果、水果、浆果、菌类和草药等非木材森林产品与服务对于改善农村人口的生活条件非常重要。传统医学需要大量的食用作物、森林植被和草药。

森林在全球碳循环中起到了关键作用，因为森林能够通过碳隔离和二氧化碳汇累积碳量，因此森林能够减少排放到大气中的二氧化碳总量。与碳隔离和二氧化碳汇相关的经济体潜能预计达到每年 253 万吨。[1]这可以是接受碳信用额的一个切入点，而碳信用额可以增强金融活力和森林植被的吸引力。

森林在旅游发展方面具有巨大作用，而旅游发展可以带来较大的经济效益。目前，旅游方案包括奴拉塔山的山村、扎亚米尼自然公园、生态中心"Djeyran"、拓达库尔湖和阿姆达林生物圈保护区等地的旅游开发。

开发并改善环保休闲活动区的环境后，就可以在林地上发展生态旅游与狩猎，而

---

[1] 第五次乌兹别克斯坦生物多样性保护国家报告。经济体自然保护委员会。2015

这是增加林业收入的绝佳机会。有偿的森林相关服务是林业收入的来源，但为了进行高效补偿，需要建立森林休闲活动机制。需要对不受法律限制的养生、短途旅行和其他活动进行规定。预计这些服务和生产活动每年可以产生最多 100 亿美元的收入。

森林提供了多个生态系统服务，如能正确利用这些服务，将产生可观的效益。但是，目前尚未进行生态系统服务的成本效益分析，因此经济体在生物多样性保护和可持续利用方面的优先级是在未来的经济体规划过程中，调整生物多样性和生态系统服务（包括森林相关服务）成本与效益经济评估的方法。

5. 林业教育与科研
（2010 年~2015 年）

5.1　林业教育统计

5.2　林业部门的技术能力

5.3　林业局能力建设活动

5.4　国际合作、伙伴关系与网络

5.5　主体（培训部）

5.6　对林业相关方案的综述与评价

5.7　能力培训的战略计划（新趋势、新举措）

5.1 林业教育统计

农业是经济体中的关键行业之一。农业的发展水平与全国人民食品供应和加工产业供应输入密切相关，因此对农业专业人才的培训就显得非常重要。

在乌兹别克斯坦，有许多专业的农业科学大学，其中最好的是塔什干州农业大学。这所大学是中亚地区历史最悠久的大学。学校建立于 1930 年，前身为中亚地区大学农业部。自学校成立以来，共培养了 6.4 万专业人员，其中包括 2.4 万专家和学者，以及 1100 名硕士。学校设有林业部，但最终与其他部门合并。2016 年学校再次设立林业部，并将其命名为"林业与草药"部，第一批入学学生主要被分在下列三个专业：

（1）园艺与绿化，入学人数 90 人，主要学习：树木学、森林管理、森林种类、森林开垦、森林税制、森林法规、森林选择，以及种子繁育等课程。

（2）园艺与绿化，入学人数 40 人，主要学习：城市绿化、景观建设、垂直绿化、园艺学、园艺苗圃，以及树木学等课程；

（3）草药与环境，入学人数 40 人，主要学习：森林草药、草药采集与存储、生物学、动物学，以及草药种植等课程。

林业学士学位学习时间为四年。入学成绩第一名的学生可获得学费全免。其他学生则按 2016 年 9 月 1 日规定的学费清单缴纳学费。目前，每学年学费为 665 万苏姆[①]。

2017 年计划在这三个专业中招收同样数量的学生。另外，学院还开设研究生课程，目前，森林管理和草药学专业共有 5 名在读研究生。

塔什干、卡什卡达里亚和苏尔汗地区有许多农业学院，学生需要花费三年时间完成林业研究生课程。另外在高等与职业教育部下设有培训中心，培训中心的大学教授和导师会在两个月时间根据现场工作需求改进常规培训内容。大学教授会在 MFD 管辖的林业专业技能提升中心进行演讲。

农业研究科学与生产中心自主的两个捐赠创新项目均由大学教授和学生进行。其中一个研究关注沙棘的种植，另一个则关注山茱萸科植物矩形种植园的建设。

大学会寻求资助，购买能够进行研究实践训练的先进设施和设备。目前，这些大

---

① 2016 年 9 月，1 美元 =3000 苏姆

学依旧缺乏与世界上其他类似大学与部门合作的网络。

在过去的几年里，大学员工编写并出版了 15 本教科书和培训教材，他们还出版了各种社科研究论文和研究，部分学校已准备设立博士学位课程。

5.2　林业部门的技术能力

为了保护并改善现有森林并增加林地面积，需要制定森林管理制度，以弥补制度在质量和数量上的不足。另外，没有充分给予高校的森林保护以及能力建设所需的技术与资金支持，而且缺乏能够在中央和地方层面做出合理管理决策的林业专业人员及专家。为了通过员工改善中央林业行政机构和地方部门的运营，建议雇佣一定数量的林业专业员工，并安排下列工作：

- 根据相关标准安排公开且具竞争力的招聘过程，相关标准包括相关工作经验、专业知识和个人能力。
- 与林业部门所有的员工和工作人员签订标准合同。
- 为所有林业部门员工创建统一数据库。
- 为林业部门制定统一的能力建设策略。

许多 MFD 员工并没有完全理解先进方法，且他们不了解已成功用于林业的新知识和最佳实例。解决这一问题的其中一个方法是在乌兹别克斯坦进一步培养关键林业员工的能力。

5.3　林业局能力建设活动

目前，超过 7000 名员工，其中包括 300 名决策者和 1100 名工程师和技术人员都在 MFD 工作。为了监督他们的专业知识是否符合适用的绩效要求和专业培养流程，这些员工必须每三年通过一次 MFD 中央办公室承办的专业考核。林场、主要的林业工作者、会计、林业工程师等所有林业专业人员和员工应通过考核（无一例外）。上一次考核在 2015 年进行。

为了培养林业工作者的专业技能，工作人员必须熟悉与林业部门和其他林业行动方向相关的最佳实践和先进方法。林业专业技能升级中心受 MFD 管辖。由 MFD 的专业人才负责相关培训，这些专家来自自然保护与环境机构，以及农业大学。但是，由于缺乏进行实训的培训支援和技术工具，受训者在大多数情况下仅进行理论研究。

5.4 国际合作、伙伴关系与网络

在过去的几年里，主要在经济体内进行下列能力培养活动：

（1）关于森林融资战略（FAO）发展的研讨会，2011 年 11 月 4 日，乌兹别克斯坦（http://www.fao.org/forestry/nfp-facility/68438/fr/）。

（2）蝗虫地理信息系统研讨会与高加索及中亚地区蝗虫技术研讨会（FAO），2013 年 11 月 4 日到 14 日，乌兹别克斯坦 (http://www.fao.org/ag/locusts-CCA/en/1011/1124/1176/index.html)。

（3）高加索地区及中亚地区为实现绿色经济而采取可持续森林管理的研讨会（UNECE），2014 年 10 月 21~23 日，乌兹别克斯坦。（https://www.unece.org/forests/capacitybuilding.html)。

（4）完善可持续森林管理的研讨会（FLERMONICA），2015 年 8 月 19~20 日，乌兹别克斯坦 (http://www.naturalresources-centralasia.org/flermoneca/assets/files/Report%20on%20FLEG%20_Uz_%2019-20%20August%202015,%20Uzbekistan%20_%20EN.pdf)。

（5）关于创建联合林业管理模式，在乌兹别克斯坦国家基金林地建立沙棘种植园的倡议研讨会，2016 年 4 月，乌兹别克斯坦。与 Deutsche Gesellschaft für Internationale Zusammenarbeit (GIZ) GmbH 合作执行的德意志中亚地区自然资源可持续利用地方计划（http://www.review.uz/index.php/novosti-main/item/8001-v-uzbekistane-startoval-novyj-proekt-po-upravleniyu-lesnym-khozyajstvom)。

6. 关于"在高加索和中亚地区进行可持续森林管理责任体系"的第一次地方研讨会，2016 年 11 月 15~18 日。

自 2001 年以来，乌兹别克斯坦与联合国粮农组织（FAO）合作。机构间合作由指定的经济体机构 MAWR 执行，MAWR 将协调与 FAO 的合作。

WAMR 代表定期参与由 FAO 组织的加强农业生产力与效率的能力培养活动，预防跨境动物疾病，并发展林业与渔业。

在那沃伊卡玛娜地区设立的乌兹别克斯坦 – 韩国友谊森林，2015 年 11 月 (http://uza.uz/en/business/friendship-forest-opens-in-navoi-region-11-11-2015)。

开始共建森林也说明了两个经济体之间坦诚友好的关系。在韩国国际合作组织

（KOICA）的帮助下，已经在靠近那沃伊 FIEZ 的 140 公顷土地上进行绿化。政府预算中约有 72.5 万美元用于该地区的绿化项目。另外，在该项目内已根据韩国标准建立了 1 公顷温室，所有通讯系统均已准备就绪。

2016 年 7 月，中国的西北农林科技大学和乌兹别克斯坦签订了合作协议（http://www.bestchinanews.com/Domestic/1034.html）。

西北农林科技大学的吴普特副校长是六名代表中的一名，受邀访问乌兹别克斯坦及首都塔什干，参观了干旱地区农业研究国际中心（ICARDA）、国际用水管理协会（IWMI）、国际生物多样性中心、塔什干灌溉与土壤改善研究院（TIIM）。西北农林科技大学在"一带一路倡议"下与中亚地区多家国际农业研究所和当地大学农业研究院签订了合作备忘录，进行全方位的合作。

5.5 主体（培训部）

为了进一步加强林业员工与工作人员的专业能力，MFD 还设立了林业专业技能更新中心。中心为许多目标受众（森林看守人、森林保护员、经济学家、会计等）提供了专业培训和研讨会。在培训课程中，参与者需要了解其所在行业的最新科技知识。特别是所有 MFD 员工和工作人员都必须在中心进行为期一周的强制培训。

部分能力培养行动由国际组织进行。在多个研讨会和培训中，林业工作人员和员工，自然保护机构和 NGO 代表，以及其他人会学习林业创新基金工具，调动内外来源资金的方法，以及优化调用资金的利用。这些活动的参与者获得了关于在发展经济体绿化经济的过程中，潜在林业投入的数据与信息，并懂得如何克服实现这些投入可能碰到的问题，实现可持续森林管理，对抗森林虫害、病害和荒漠化，以及对林地的综合评价的方法。

2013 年 11 月 4 日到 14 日，在乌兹别克斯坦召开的蝗虫地理信息系统研讨会与高加索及中亚地区蝗虫技术研讨会（FAO）主要关注下列问题：

- 蝗虫信息采集与管理的 GIS、遥感及其他技术；在高加索和中亚地区（CCA）应用遥感技术监控蝗虫的 ASDC 实例。
- 地区性预测 GIS 和其他输出性产品和方法。
- 分享其他经济体利用 GIS 进行虫害检测的经验。
- 自动数据采集系统（ASDC）以及相关软件和硬件。

● 获取并管理蝗虫相关数据。

2014 年 10 月 21 日到 23 日在乌兹别克斯坦召开的高加索及中亚地区绿色经济可持续森林发展研讨会（UNECE）关注在高加索和中亚地区"绿化"经济发展中，不断增长的森林部门潜力：

● 制定森林政策。

● 用木头制造生物能源。

● 关于森林与森林产品的数据搜集。

2015 年 8 月 19 日至 20 日在乌兹别克斯坦召开的改善可持续森林管理（FLERMONICA）研讨会上，德国分享了关于相关经验，与会代表就森林管理计划、管理计划清单与能力培养，植树造林计划以及森林调查等问题进行了探讨。

2016 年 4 月在乌兹别克斯坦召开的"乌兹别克斯坦国家基金林地沙棘种植园联合林业管理的开发与模式"首次研讨会旨在确保政府草药种植计划的执行。给出的模式包括在乌兹别克斯坦建立沙棘与狗蔷薇种植园。研讨会的关键目的在与建立并测试位于国家基金林地试点执行的联合林业管理模式。该模式能够为经济体制药行业提供必要输入，且当地人能够用矮小的浆果树种制备贵重精油等方式增加收入。

5.6　对林业相关方案的综述与评价

尽管 MFD 管辖下的林业专业技术更新中心负责进行能力培养活动，但该中心却缺乏定期进行培训活动评估的能力。无论在乌兹别克斯坦国内还是国际能力培训活动中，都没有合适的信息系统和数据库，而且还缺乏采集参与者反馈和提议的工具。另外，也没有能够满足相应培训需求评估和知识缺口分析的专家，因此很难制定新的培训模式。

5.7　能力培训的战略计划（新趋势、新举措）

在制定到 2030 年的乌兹别克斯坦林业发展概念时，为了改善林业工作者和员工的管理与技术技能，已规定并提出了未来会采取的关键林业相关措施，特别是：

● 加强对林业员工的培训，尤其是提高员工在联合林业计划执行和改善管理与技术、技能方面的培训，并增加相关经验。

- 修订并制订培训计划，改善 MFD 管辖的培训中心内的方式与设施，并为了实现这些目标与其他相关机构进行合作。

- 采取联合方案，加强林业教育与研究机构的能力，以及林业组织与教育研究机构之间的对话与合作。

6. 林业国际合作项目

目前，乌兹别克斯坦正在进行的林业项目如下：

- 德意志国际合作机构学会（GIZ）项目"制定联合森林管理模式，在乌兹别克斯坦经济体森林蓄积用地建立鼠李种植园"的项目。该项目响应了乌兹别克斯坦政府开发药用植被的项目。主要的项目目标是确立联合森林管理模式，并在国家基金林地试点进行测试。

- GIZ、德国林业机构黑森州森林，奥地利环境机构（UBA）以及中亚地区环境中心（CAREC）正在五大中亚经济体境内进行"环境监督等森林与生物多样性管理"（FLERMONECA）项目。项目旨在支持林业管理中合法可持续方法的应用，并解决林业问题，提高当地人的生活标准。

- "缓解乌兹别克斯坦非灌溉干旱山地、半沙漠和沙漠地区竞争性土地利用造成的自然资源紧缺问题"的 UNDP/GEF 项目。该项目可以促进各地形（主要是非灌溉地区、干旱山区、半沙漠和沙漠地区）牧场与森林的综合管理，从而减少因竞争性土地利用造成的自然资源紧缺，并改善社区内的社会经济稳定性。

- UNDP/GEF "在对全球生物多样性有意义的关键山地地区进行可持续自然资源和森林管理"的项目。该项目旨在证明通过当地可持续社区发展，根据地形保护乌兹别克斯坦山地生态系统中对于世界生物多样性具有关键意义的土地与森林资源的可行性。

- GEF 在乌兹别克斯坦进行的小额赠款计划（SGP）。计划的其中一个核心是为了实现全球环境利益，采用可持续森林管理、参与式林业和本地措施。

- UNECE-FAO "高加索和中亚地区可持续森林管理责任制"项目。该项目旨在为了实现绿色经济而进行行业可持续发展。

- FAO "中亚及高加索地区山地及湿地可持续发展能力培养"的地方项目。该项目旨在为综合及参与性湿地管理能力培养提供经济体支持。

- GEF-FAO "乌兹别克斯坦山地及山谷地区可持续森林管理"项目。项目旨在为了在乌兹别克斯坦实现可持续森林管理，隔离碳排放，并改善森林及树木资源的质量。

- FAO "综合林地及树木资源评估"项目。该项目旨在发展林业，实现自然资源的可持续利用，并增加农村人口的收入来源。

- FAO-Michael Succow "中亚地区沙漠倡议"基金。该倡议旨在为经济体、地区和国际对话添加保护生态系统，并改善自然保护及饲养相关内容。

- GIZ-Michael Succow 基金项目"为改善当地社区人口生活而发展阿姆－达林河岸居住地而发展基于生态系统的土地与森林管理作为适应气候变化的战略"。该项目实现了阿姆－达林沿河地区自然资源可持续管理，适应了当地气候及其他特征，因此改善了目标地区的人口生活以及河谷林自然空间的环境能力。

- FAO-GEF-ICBA-ICARDA-CAREC 多捐赠人，多国框架"CACILM2"（中亚国家土地管理倡议），该框架包括中亚地区的五年计划。在乌兹别克斯坦，该地区倡议主要关注乌兹别克斯坦的沙漠森林。

- 韩国国籍合作机构（KOICA）项目，建立隶属于那沃伊无工业经济区的绿色区域，避免荒漠化。项目旨在改善该区域附近当地人的生态环境和生活条件。

- 执行一系列关于在裸露咸海海床上建立保护林带的项目，这些项目均由穆斯林发展银行、沙特阿拉伯发展基金，以及科威特阿拉伯经济发展基金资助。

- 两个与土耳其国际合作机构（TIKA）共同合作执行的重新造林和植树造林相关项目。其中一个项目主要关注阿姆－达林河三角洲沿岸地区河岸森林的自然繁殖，另一个项目的目的是在乌兹别克斯坦共和国布哈拉、那沃伊、希瓦地区的咸海建立森林种植园，种植可以喂养沙漠物种的植被。

- 与 UNECE 合作的国际咸海拯救基金（IFAS）将开展在咸海盆地进行重新造林和植树造林的项目。

表 6-1 列出了关于林业项目和倡议的主要信息。

表6-1 乌兹别克斯坦林业相关项目和倡议的主要信息

名称	工作优先顺序	主要经验
GIZ"中亚地区可持续自然资源利用计划"	进行经济健康及教育以及自然资源保护改革。优先进行可持续经济发展和健康改善	发展并传播当地方法，这些方法应特别注意对生态系统方法的适应。荒漠造林与林地退化防治。 采取经济可行、社会可接受，且生态可持续的方法进行森林资源管理。开展能力培养活动，尤其是森林相关的利益相关者。 自 2002 年起，GIZ 在乌兹别克斯坦开展了一系列森林相关的活动

名称	工作优先顺序	主要经验
FLERMONECA 是中亚地区四个欧盟区域环境计划关键项目之一（EURECA 2009）	确保在中亚地区遵守森林法，并执行森林管理（中亚地区 FLEG）；中亚地区的环境修复和生物多样性保护（ERCA）；监管中亚地区的环境状况	能够实现合法且可持续的森林管理与利用；解决与非法森林利用的相关问题，并增加当地的收入来源，包括相关的能力培养活动。该项目从 2009 年开始由乌兹别克斯坦林业执行
UNDP	与经济体级国际合作伙伴合作，加强对环境的治理，培养机构及个人能力，缓解可能存在的气候变化影响，将生物多样性保护原则加入到行业政策与计划中，并促进土地及水资源中可再生能源的利用和可持续发展。通过能力培养和推进倡议，UNDP 进一步促进千禧年发展目标 7 和相关经济体 MDG 目标的达成	解决与土地退化相关的问题，改善保护地区的管理。沿河森林生态系统的保护与修复。通过改善当地社区社会经济的稳定性，按地形促进综合的森林管理。山地生态系统中国际森林资源的保护以及当地社区可持续发展。UNDP 自 2004 年起，GIZ 在乌兹别克斯坦开展了一系列森林相关的活动
GEF SGP	当地人通过响应保护与修复环境的倡议，改善全球自然环境，并通过执行推广可持续自然资源管理实践，改善人们生活	种植开心果等需水量少的植物，避免土地退化。自 2009 年以来，GEF SGP 在乌兹别克斯坦林业部门开展
FAO	通过经济体与地区项目，技术支持，可持续自然资源管理和有机农业生产等发生进行合作	制定森林政策。制定并执行经济体策略，支持非木材森林产品的生产。为获得关于森林资源现状与变化的足够及可靠信息提供支持。可持续森林管理，能力培养及政策建议相关活动。自 2001 年开始，在乌兹别克斯坦林业部运行
UNECE	可持续林业管理与林业部门能力培养	通过训练并提供政策咨询服务，帮助乌兹别克斯坦制定特定政策，利用一切可能的可持续森林管理实现绿色经济。自 2013 年开始，在乌兹别克斯坦林业部运行
Michael Succow 基金	在之前的东部经济体建设并保护经济体公园和生物圈保护区	通过建设缓冲带，发展生态旅游业，开发当地人的新收入来源，将现有的自然保护区转变为国际保护区。自 2010 年起，开始采取关注乌兹别克斯坦林业的活动

名称	工作优先顺序	主要经验
CACILM 2	防治荒漠化和土地退化，并改善中亚地区农村人的生活水平	将对自然资源的负面影响最小化。自 2013 年开始，在乌兹别克斯坦运行
KOICA	解决全球发展问题，并促进可持续社会经济发展，改善发展中经济体人们的生活水平	自 2015 年乌兹别克斯坦的植树造林活动
TIKA	教育、健康、修复、农业发展、经济、旅游业与工业的发展	自 2006 年起，植树造林，建设森林种植园，交流最佳实践和经验，并进行科技援助
IFAS	采取金融及放贷等合作实践行动和远景计划，并执行挽救咸海，对咸海及咸海平原地区进行生态修复的项目，解决中亚地区普遍的社会经济问题	在裸露的咸海海床上种植防护林。自 1997 年，在乌兹别克斯坦运行
APFNet	促进可持续森林管理与修复，仍在利用森林不断为社区带来社会经济福利	进行森林政策对话，培养能力，共享信息。自 2014 年开始执行针对乌兹别克斯坦林业的活动

7．林业国际合作进程

乌兹别克斯坦是国际环境协议中的一员，也是履行报告相关义务和承诺的经济体（截至 2016 年）：

第三次乌兹别克斯坦与 UNFCCC 经济体交流已进入最后阶段。第二次经济体交流于 2008 年展开。

根据蒙特利尔协议第七条关于消耗臭氧层物质的内容，每年报告关于向经济体进口制冷剂的信息，以及关于消耗臭氧潜能值的数据。

编写第五次生物多样性保护国家报告，并于 2015 年上交给 UNCBD 并公开。

乌兹别克斯坦正在制定最新的荒漠化防治经济体计划。上一份荒漠化防治经济体计划于 1999 年执行并上交给 UNCCD。

编写乌兹别克斯坦双年度报告（2013 年 ~2014 年），并于 2014 年上交给国际濒危野生动植物种国际贸易公约（CITES）。上一份双年度报告于 2011 年公开。

2010 年 ~2016 年关于野生迁移动物物种协议的报告如下：

● 关于乌兹别克斯坦西伯利亚鹤的经济体报告（2010 年）

● 关于乌兹别克斯坦高鼻羚羊的经济体报告（2010 年）

● 关于 CMS 的经济体报告（2011 年）

● 关于乌兹别克斯坦布哈拉鹿的经济体报告（2011 年）

● 关于乌兹别克斯坦 CMS 和高鼻羚羊的经济体报告（2015 年）

乌兹别克斯坦目前拥有两个指定的国际重要湿地，也就是艾达尔 – 阿纳塞湖和登智库湖，表面面积为 558400 公顷。2008 年，编写关于拉姆萨尔协议执行的经济体报告，并上交给大会。

参考文献

[1] Country Profile on Housing and Land Use in Uzbekistan, UNECE, 2015.

[2] Fifth National Report of the Republic of Uzbekistan on Conservation of Biodiversity.

[3] FAO Global Forest Resources Assessment, 2015, Country Report, Uzbekistan.

[4] Forestry in Turkestan. K.S. Ashimov, 2004.

[5] Notes on forestry in Fergana. Turkestan Bulletin, 1888: 16–20.

[6] Second Environmental Performance Review of Uzbekistan, UNECE, 2010.

[7] Reporting of the State Committee of the Republic of Uzbekistan on Land Resources, Geodesy and State Cadaster.

[8] FAO statistics report [EB/OL]. http://www.fao.org/forestry/country/57025/en/uzb/

[9] Ministry of Agriculture and Water Resources of the Republic of Uzbekistan, 2015.

[10] State Committee for Nature protection of the republic of Uzbekistan [EB/OL]. http://www.uznature.uz/?q=ru/node/45.

[11] UNDP Uzbekistan [EB/OL]. http://www.uz.undp.org/content/dam/uzbekistan/docs/projectdocuments/EEU/un_prodoc__Rus.pdf.

网络来源：

[1] http://www.agro.uz/ru/information/about_agriculture/421/5092/.

[2] http://uzssgzt.uz/cgi-bin/main.cgi?lan=r&raz=6&god=2012&mes=2&id=2518.

[3] http://news.uzreport.uz/news_3_r_117725.html.

[4] https://ria.ru/earth/20150909/1239356814.html.

[5] http://www.lex.uz/pages/GetAct.aspx?lact_id=755854.

[6] http://www.lesovod.org.ua/node/24405.

[7] http://www.podrobno.uz/cat/politic/v+uzbekistane+prinyata+programma+po+ecologii+na+2013–2017g.g./.

[8] http://www.lesovod.org.ua/node/24405.

[9] http://www.cawater-info.net/5wwf/national_report_uzbekistan.htm.

[10] http://sites.nationalacademies.org/PGA/PEER/PGA_069267.

[11] http://infocapital.uz/ru/.

[12] http://sgp.uz/news/743.

[13] http://www.interfax.by/article/72344.

[14] http://pistachio.uz/vrediteli-i-bolezni.